英語
リスニング
ハイパートレーニング
パーフェクトブック

東進ハイスクール講師 **安河内哲也** ［著・監修］

ハーバード大学
教育学大学院修士 **アンドリュー・ロビンス** ［監修協力］

桐原書店

　英語のリスニングが得意分野になると，リーディングやボキャブラリーなど，その他の分野にも大いに役に立ちます。リスニングの能力は，いわば英語学習の加速装置なのです。なぜなら，英語を耳で聞いてわかるようになれば，紙に印刷された本や新聞などがなくても，オーディオプレイヤーとヘッドホンさえあれば，いつでもどこでも，英語がインプットできるようになるからです。

　例えば，長文の復習も耳から聞いて行うことができるようになるし，単語集の例文も耳でおぼえることができます。日々のニュースや映画・ドラマでたくさんの表現をインプットすることもできるようになります。また，英語をたくさん聞いてインプットすることは，スピーキングの準備にもなります。このように，リスニングの力を身につければ，英語学習の効率が格段に向上するのです。

　近年では，大学入試でもリスニングの力が重要視されています。資格試験や共通テストにおいても，リスニングパートは合格ラインを突破するための重要な要素となっています。本書では，これらの試験の形式に合わせて，問題を解きながら皆さんのリスニングの力を鍛えます。

　本書を通じて，皆さんが「英語の耳」を開き，同時に世界の情報への窓を開いてくれることを祈っています。

安河内 哲也

もくじ

「どうして英語が聞き取れないのか」を知り，
「どうすれば英語が聞き取れるようになるのか」を学びます。
ディクテーションやリピーティングといった効果的な学習法や，
日本語とは異なる英語の音の特徴についても詳しく解説します。

Chapter **2**

多くの試験で出題される，ベーシックなリスニング問題の
傾向と対策について，例題とともに解説します。
基礎がためはここから。

解き方を学んだら，さっそく実践してみましょう。
実際の資格試験を参考に作成された本書だけのオリジナル問題です。
各演習の後にまとめてある語句リストも必ずチェックして，
語彙力も同時にのばしましょう。

〈本書で使用している記号について〉

🔊　🔊　付属の CD-ROM に収録されている音声を再生してください。

※音声データは桐原書店のサイトからもダウンロード可能です。

くわしくはこちら　www.kirihara.co.jp/download/

Chapter 1

リスニングの「基本」を学ぶ

　リスニング学習については「たくさん聞いていれば自然と聞こえるようになる」というアドバイスをよく耳にします。しかし，私の経験上，このアドバイスは半分しか当たっていないと思います。

ただ聞いているだけではできるようにはならない

　私自身，受験生の頃も大学生の頃もリスニングが非常に苦手でした。当時は大学入試でリスニングはあまり出題されなかったのでラッキーでしたが，入学後に TOEFL のリスニング問題が解けなくて苦労しました。その頃も「たくさん聞いていれば自然と聞こえるようになる」と言われていたため，それにしたがい二か国語放送や米軍ラジオなどをたくさん聞いてみました。しかし，何か月たっても聞こえないものは聞こえないままです。

　その後，聞こえない英語を克服しようと米国に修行に出かけました。しかし，そこで出会ったのは，米国に何年も住んでいるのにまだリスニングを苦手とする日本人たち。**ただ漫然と聞き流していても雑音は雑音のままに終わる**という厳しい現実に気づかされました。

　そこで，心機一転，方針を改めて本格的にリスニングの勉強を始めることにしました。その結果，約半年で TOEFL のリスニング問題がほとんど解けるようになり，日本人がリスニングを克服するための方法を，身をもって体験することができました。今では英語を教える立場として，リスニングに苦しむ皆さんにそのプロセスを共有することが自らの使命と感じています。

リスニングの二つの条件の克服法

　英語が聞こえるようになるためには，二つの条件をクリアしなければな

りません。それは「意味的条件」，そして「音声的条件」です。

「意味的条件」とは，聞こえてくる単語や表現の意味を知っているということです。例えば，逆に考えてみるとわかりやすいのですが，日本語の聞き取りが上手な外国人に「朝令暮改は言語道断である」と言って，相手が聞き取れなかった場合，その原因は，彼らが「朝令暮改」や「言語道断」という言葉をそもそも知らないということが原因でしょう。どんなにゆっくりハッキリ発音しても，単語や表現を知らなければ，わかりようがないわけです。読んでわからないものを，いくら聞いてもわかるようになるはずはありません。

なので，**読解の勉強と合わせて単語や表現のレベルを上げていくことがリスニングでも必要**なのです。そして，その際に正しい発音を心がけなければ，次の二つ目の条件がクリアできません。

それが「音声的条件」です。例えば，多くの日本人は，紙に書けば簡単にわかる pearl ring（真珠の指輪）という表現を，耳で聞いたときにわかりません。pearl も ring も知っている単語なのに，聞き取れないわけです。この理由は，日本語の発音と密接に関係しています。日本語では，これをカタカナに当てはめて「パールリング」のように発音しますが，このように発音していると，耳がその音を期待して探しに行くようになります。しかし，実際の英語では「パオゥリン」のような全然違った音であるため，すれ違いが起こってしまうわけです。

この問題を克服するためには，**発音にこだわった学習をする**ことが重要です。**ネイティブの発音を目指し，それに近づけようという姿勢を持つ**と，耳はその音を探しに行くようになり耳が慣れていきます。実は，英語の音が聞こえるようになる鍵は「発音」なのです。

英語が聞こえるようになるためには…
正しい発音を心がけながら，知っている単語や表現を増やす。

このことを心がけながら，学習を進めてください。

■ リスニングの学習法

読解の学習に「精読」「多読」があるように，リスニングの学習にも「精聴」「多聴」があります。ただ，先に述べた通り，最初から多聴学習をしても多くの人は英語が聞き取れず苦しむことになります。まず，精聴学習である程度聞こえるようになってから，多聴学習に進むことをお勧めします。

ここでは，英語の音が聞こえるようになるためのトレーニング方法を紹介します。どの方法も，本書とその音声があれば実践することができます。

ディクテーション

あまり長くない英語のスピーチや会話を聞きながら書き取っていきます。何度聞いても書き取れない部分があなたの耳の弱点です。このように，**ディクテーションは聞こえない部分を特定するための方法**です。書き取った後は，その部分をスクリプトと合わせて確認し，音声的理由で聞こえなかったのか，意味的理由で聞こえなかったのかを突き止めます。

次に，その部分を特に意識しながらネイティブスピーカーの音を聞いて，リピートするなどして，自分の発音を矯正していきます。何度もその音を聞いて，耳にすり込んでいくのです。そのようにして弱点をひとつずつ潰していきます。

地道な方法ですが，やればやるほど細かい聴解力は向上します。

　文単位で英文をリピートしながら発音練習をします。最初は文字を見ながら行い，慣れてきたら文字を見ずに行うとよいでしょう。**音だけでなく，同時に意味を考えながら練習**してください。英語の細かい発音を矯正する効果が高い練習方法です。

　聞こえてくる英語に合わせて，文字を見ながら一緒に読むのがオーバーラッピングです。一方，文字を見ずに，流れてくる音声を聞こえたまま真似て発音するのがシャドウイングです。これらについても，**音だけでなく同時に意味を考えながら練習**することを心がけてください。英語のイントネーションとスピードに慣れる効果が高い練習方法です。

英語の音の特徴

　日本語の音と英語の音は非常に異なります。その違いを意識しないと、なかなか聞き取れるようにはなりません。また、ただ聞いているだけでは、聴解力は矯正されません。次に示すような英語の特徴を意識しながら英語を聞いて、音読練習してみましょう。

子音止め

　日本語の五十音は、子音＋母音（アイウエオ）の組み合わせでできているので、日本語の単語の語尾は母音で終わります。例えば、猫（neko）なら o です。一方、英語の cat [kǽt] は子音の t で終わります。日本語（カタカナ）に引きずられ、最後に母音をつけて発音しないように注意しましょう。この語尾の子音は聞こえないほど弱くなることも多く、**語尾の子音を強く発音しないことが発音のコツ**です。

母音の発音

　英語には日本語よりもっと多くの母音があります。単体の母音である単母音には、短く読む**短母音**、のばして発音される**長母音**があり、そのほかに重なってつながっている**二重母音**などもあります。日本語の「ア」に当たる母音だけでもいくつもに分かれます。日本語にはない音も多いので、それぞれ発音の仕方を学びましょう。単語をおぼえるときには、これらの音とスペリングとの関係に注意して、区別し、慣れていくことが重要です。

子音の発音

　子音にも日本語には存在しない音があり、舌や歯を日本語では使わないような位置に持っていき発音しなければなりません。例えば、th のスペリングの部分を発音する場合、上下の歯の間から舌先を出し、舌と歯の間から空気を出して発音します。英語の映画やドラマなどで th の発音をしている人物の顔がアップになっていたら、口に注目してください。歯の間から舌先が出ているのがわかるはずです。**日本語と極端に違った子音の発音をまずマスター**しましょう。

発音記号と発音のポイント

<table>
<tr><td rowspan="8">単母音</td><td>æ</td><td>唇を左右に引っ張って「ェア」と言う。</td><td>ə:r</td><td>[ər] をのばして長く言う。</td></tr>
<tr><td>ʌ</td><td>のどの奥のほうで「アッ」と強く言う。口はあまり開けない。</td><td>i</td><td>口は「エ」を言う形で, 力を入れずに「イ」と言う。</td></tr>
<tr><td>ɑ</td><td>のどの奥で軽く「ア」と言う。</td><td>i:</td><td>唇を左右に引っ張って「イー」と言う。</td></tr>
<tr><td>ɑ:</td><td>口を大きく開いて, のどの奥から明るく「アー」と言う。</td><td>u</td><td>力を抜いて, 唇を丸めて「ウ」と言う。</td></tr>
<tr><td>ɑ:r</td><td>上の [ɑ:] を言ってから, 舌先を上げて力を抜いて「ア」をそえる。</td><td>u:</td><td>日本語の「ウ」より唇を前に突き出して「ウー」と言う。</td></tr>
<tr><td rowspan="2">ə</td><td rowspan="2">口を大きく開けず, 力を抜いてあいまいに「ア」と言うのが基本だが, 直前の子音の影響を受けて発音が変わる。</td><td>e</td><td>日本語の「エ」と同じように言えばよい。</td></tr>
<tr><td>ɔ:</td><td>口は日本語の「オ」の形で「アー」と言う。</td></tr>
<tr><td>ər</td><td>舌先を上げて, 口を大きく開けず, 力を抜いてあいまいに「ア」と言う。</td><td>ɔ:r</td><td>上の [ɔ:] を言ってから, 舌先を上げて力を抜いて「ア」をそえる。</td></tr>
<tr><td rowspan="6">二重母音</td><td>ai</td><td>「ア」を強く, ややのばす感じで「アーイ」と言う。</td><td>eər</td><td>[e] のあとに [ər] を軽くそえる。</td></tr>
<tr><td>au</td><td>「ア」を強く, ややのばす感じで「アーウ」と言う。</td><td>ei</td><td>「エ」を強く, ややのばす感じで「エーイ」と言う。</td></tr>
<tr><td>iər</td><td>[i] のあとに [ər] を軽くそえる。</td><td rowspan="2">ɔi</td><td rowspan="2">日本語の「オ」より大きく丸く口を開け, 「オーイ」とややのばす感じで言う。</td></tr>
<tr><td rowspan="2">uər</td><td rowspan="2">[u] のあとに [ər] を軽くそえる。</td></tr>
<tr><td rowspan="2">ou</td><td rowspan="2">口を小さく丸め, 「オ」を強く, ややのばす感じで「オーウ」と言う。</td></tr>
<tr><td></td></tr>
<tr><td rowspan="2">子音</td><td>p</td><td>唇を閉じ, 息だけ勢いよく出して「プッ」と言う。</td><td>θ</td><td>前歯の先に舌先を軽くつけて, そこから息だけを出す。</td></tr>
<tr><td>b</td><td>唇を閉じ, のどの奥で声を出しながら息を出して「ブッ」と言う。</td><td>ð</td><td>前歯の先に舌先を軽くつけて, 声を出しながら息を出す。</td></tr>
</table>

子音					
t	上の歯ぐきに舌の先をあてて息だけを出す。	s	上の歯ぐきに舌先を近づけて，そこから「ス」と息を出す。
d	上の歯ぐきに舌の先をあてて，のどの奥で声を出しながら息を出す。	z	上の歯ぐきに舌先を近づけて，そこから「ズ」と声を出しながら息を出す。
k	日本語の「ク」より強く激しく言う。	ʃ	日本語で「静かに」と言うときの「シー」に近い感じ。息だけを出す。
g	[k] を言うときに，同時にのどの奥で声を出す。	ʒ	上の [ʃ] の音を出すときに，のどの奥で声を出しながら息を出す。
m	唇を閉じて，鼻の奥で「ム」と声を出す。	j	[i] の口の形をして，あとに続く母音の発音へ移る。
n	上の歯ぐきに舌先をつけ，鼻の奥で「ンヌ」と声を出す。	h	口をあとに続く母音の形にし，のどの奥から息だけを出す。
ŋ	[k] や [g] の前の [n] が [ŋ] の音になる。[n] の音をのばして [k] や [g] に続けることが多い。	w	唇を丸めて突き出し，「ウ」と言う。
		tʃ	舌先を上の歯ぐきにつけて，そこから「チ」と息を出す。
l	舌先を上の歯ぐきにつけて，鼻の奥のほうで「ウ」と声を出す。	dʒ	舌先を上の歯ぐきにつけ，のどの奥で声を出しながら息を出す。
r	舌先を軽く上に上げ，軽く「ウ」をそえる感じで声を出す。	ts	舌は日本語の「ツ」の位置で，息だけを出す。
f	下唇に前歯の先をあてて，息だけそこから出す。	dz	日本語の「ヅ（ズ）」と同じように，声を出す。
v	下唇に前歯の先をあてて，声を出しながら息を出す。		

また，日本人には区別しづらい L と R の発音にも要注意です。L は上の歯の裏の上口蓋に舌をあてて発音します。R は舌先をどこにも付けず唇を丸めて発音します。どちらも，日本語の「ラリルレロ」に当てはめて読んでしまわないよう注意しましょう。発音するときにはこれらの違いを強く意識し，舌や唇の動きをスペリングと連動させるようにしてください。

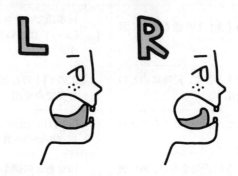

音節とアクセント

　例えば，辞書で important を引くと，im-por-tant というように単語がいくつかに分割して表示されています。このように分割された一つ一つのかたまりのことを「音節」といいます。それぞれの音節は，一つの母音を中心としています（二重母音なども含む）。そして，この音節のどこかに強いアクセントで読む箇所があります。このアクセントは，個別の音と同様に，正しくおぼえていくことが大変重要です。アクセントを間違っておぼえてしまうと，知っているのに聞き取れない単語になってしまうかもしれないからです。

短縮形

　英文法の学習では，I am, She would, should have のように単語を分けて書いて，一つずつ発音することが多いと思いますが，英語を口頭で話すときには，多くの場合，短縮した形が使われます。つまり，I'm, She'd, should've のようになるわけです。音読練習をする際には，短縮形を基本だと考えて口を動かす練習をしましょう。

　英語では，単語をまたいで子音と母音がくっついて発音されることが多く，この単語の連結のことを「リエゾン」と呼びます。例えば，Look up 〜と言う場合，look の [k] という子音と，up の [ʌ] という母音がつながって，「ルッカッ」というように発音されます。

リエゾンの例 🔊 Chapter1_01

Look up.	上を見てください。
Do you need it?	それは必要ですか？
Good afternoon.	こんにちは。
Let's talk about the movie.	その映画について話しましょう。
The country is far away.	その国は遠いところにあります。
It's a kind of fish.	それは一種の魚です。
Please tell us the reason.	私たちに理由を教えてください。
Let's dine out today.	今日は外食しましょう。
Could you pick up the key?	鍵を拾ってもらえますか？
Shake it before you drink it.	飲む前に振ってください。

t の有声音化

　リエゾンが起こる際，特に注意したい子音は [t] です。例えば，Get out. と言う場合，単に子音と母音をつなぐだけなら「ゲッタウッ」となります（イギリス英語ではそのように発音されることも多いです）が，アメリカ英語では事情が異なります。[t] の音が [d] に近い音となり，「ゲッダウッ」のように発音されるのです。洋楽のサビの部分などにこの音が含まれることも多いので，歌で練習して，この音になじむのもよい方法です。

　また，リエゾンの場合だけでなく，単語の中でもこの [t] の変化が起こる場合もあります。例えば，better は，正式な発音は「ベター」のようになりますが，アメリカ英語では「ベダー」に近い発音となることがあります。

t の有声音化の例 🔊 Chapter1_02

Get out.	出ていけ。
Let it be.	そのままにしておいてください。
Start it over.	それをもう一度始めてください。
Cut it out.	やめてください。
I got it.	わかった。
better / butter	よりよい／バター
water / daughter / later	水／娘／後で

同化

　you や your が前の単語の語尾の子音とつながった場合，音が同化して特殊な発音をすることがあります。例えば，Did you は「ディジュ」，miss you は「ミシュ」のように発音されます。これらはまとまった一つの音として，発音練習をしておぼえておきましょう。

同化の例 🔊 Chapter1_03

Did you finish it?	それを終えましたか？
I miss you so much.	あなたがとても恋しいです。
Have you ever been there?	そこに行ったことがありますか？
Tell me what you know.	知っていることを教えてください。
What made you come here?	どうしてここに来たのですか？

弱化・脱落

　単語がつながって読まれるような場合に，子音が強く読まれないことがあります。特に注意したいのは，同系統の子音が単語をまたいで連続する場合です。例えば，some more という表現では，[m] という子音が連続しますが，前の子音はほとんど発音せず，[m] が一つになり「サモア」のように発音されます。put that のような表現でも，前の [t] はほとんど聞こえなくなり「プッダッ」のように発音されます。

　さらに，少し異なるケースですが，語頭の [h] の音がほとんど聞こえな

くなる場合があります。例えば，**Call him.** が早く読まれた場合，[h] がほとんど発音されず「コーリム」のように聞こえます。

子音が弱く発音される例 🔊 Chapter1_04

Could you give me some more?	もう少しもらえませんか？
Send it to me.	それを私に送ってください。
I went to the park.	私は公園に行きました。
Call him at five.	5 時に彼に電話をかけてください。
Tell her about the time.	時間について彼女に教えてください。

内容語と機能語／旧情報と新情報

　音読練習では，読む「強さ」や「速さ」にも注意が必要です。実は，どの単語やどの部分を強く読むのかには一定のルールがあります。

　まず，「内容語」と「機能語」を区別する必要があります。内容語とは伝えたい意味を持った言葉のことで，機能語とは文を作るためのパーツとして使われる言葉のことです。例えば，**Do you know this strange animal?** という文では，**Do you** は文を作るためのパーツです。**this** のような名詞の前の冠詞に相当する言葉も，特別な意味はないので機能語です。一方，**know** や **strange animal** には伝えたい意味があります。よって，**Do you** や **this** は弱く速く読まれ，**know** や **strange animal** は強くハッキリ読まれます。

　また，文の意味の流れにも注目する必要があります。相手がすでに知っている内容を「旧情報」，新しく紹介される内容は「新情報」と言います。もちろん，相手がすでに前提としている内容はサッと流され，新しく紹介したい内容が強くハッキリ読まれることになるわけです。例えば，**The person you were talking about is my brother.** という文では，前半は相手がすでに知っている旧情報，後半が新情報になります。だから，後半の中心部分である **brother** が強くハッキリ読まれます。

　以上のようなことを意識しながら取り組むと，伝わりやすい音読となり，リスニングする音声とも意味的な波長が合ってきます。

多くの機能語には「弱形」と「強形」があります。辞書を引いてみると，例えば can には下の表のような弱形と強形の音があります。このような機能語は通常，弱形で発音されますが，その単語が特別な意味を持つ場合は強形で発音されます。例えば，I can play chess. のような文では，play chess が意味の中心だと思われるので，can は弱形で発音されます。一方，Yes, we can! のようなスローガンでは，「できる」というのがメッセージの中心なので，can は強形でハッキリ発音されます。

本来は弱形で発音されるべき単語を強形にしてしまうのは，日本人の英語の弱点の一つです。**弱く読めるものを弱く読むように意識すると，英語らしい発音ができる**ようになります。

注意すべき機能語の弱形と強形 🔊 Chapter1_05

単語	弱形	強形
can	kən	kǽn
must	məst	mʌ́st
some	səm	sʌ́m
the	ðə	ðíː
them	ðəm	ðém
that	ðət	ðǽt
and	ənd	ǽnd
but	bət	bʌ́t
to	tə	túː
of	əv	ʌ́v

リスニング典型問題の傾向と対策

　この章では，典型的なリスニング問題の形式と，その解答のポイントについて解説します。

応答問題

　会話を聞いて，ある質問や発言に続く適切な応答を選ぶ問題です。疑問文に対する答えを選ぶ場合もありますし，発言に対する感想を選ぶような場合もあります。この種の問題を解くために重要なポイントを押さえておきましょう。

　大切なのは，まず，**基本的な疑問文への答え方を知る**ことです。疑問文には大きく分けて2種類あり，1つは **Yes / No を問うもの**，もう1つは**疑問詞を使って何か特定の情報を求めているもの**です。

　Do you ... ? / Have you ... ? のような疑問文には，原則として Yes や No を使って答えます。一方，where や when のような疑問詞で始まる疑問文には，普通は Yes や No を使って答えません。

　また，英語の **Yes / No** は，日本語の「はい／いいえ」とは異なる使い方をする場合があります。「はい／いいえ」は，相手の言うことに同意するかしないかを示します。しかし，**Yes** は相手の投げかけた内容に対して肯定文で答える場合，**No** は否定文で答える場合に使います。特に否定の疑問文の場合に日本語との齟齬が起こります。

Isn't this your notebook?

これはあなたのノートではありませんね？

このような疑問文の場合，日本語では「はい，私のノートではありません」と言えますが，英語では，✕ "Yes, it's not." とは言えません。たとえ日本語の訳が「はい」になるにしても，このように後に否定形が続く場合には，○ "No, it's not." と答えます。

例題 1

> 対話を聞き，その最後の文に対する応答として最も適切なものを，放送される **1**，**2**，**3** の中から一つ選びなさい。
> 🔊 Chapter2_01

それでは，スクリプトを見ながら確認していきましょう。

W: Hi, Paul. How are things with you?

M: Oh, I'm researching South American history. Today, I read a book about an Andean civilization.

W: Really? Is it homework?

M: 1 Yeah, I worked at home last week.

M: 2 I like traveling very much.

M: 3 No. History is my hobby.

和訳

女：はい，ポール。調子はどう？

男：ああ，いま南アメリカの歴史を研究しているんです。今日は，アンデスの文明についての本を読んでいます。

女：本当に？　それは宿題なの？

男：1 はい，先週は家で作業しました。

男：2 私は旅行がとても好きです。

男：3 いいえ。歴史は私の趣味なのです。

Is it homework? という，Yes / No を求める疑問文に対する返事を選びます。1 の Yeah は Yes のくだけた言い方ですが，その後の内容が質問へ

の答えになっていません。2はYesかNoか不明で，返事になっていません。正解は3で，正式にはNo, it's not. と答えるべきですが，会話では多くの場合，Yes / No だけで返事をします。

▌ 会話問題／ナレーション問題

　会話やナレーションを聞いて，その内容に関する質問に答えるタイプの問題です。音声が1回だけ流される場合と，2回流される場合とがあります。また，質問が問題冊子や画面上にあらかじめ示されている場合と，そうでない場合とがあります。

　音声が2回流される問題は，簡単に解答できないように問題が複雑化されていることが多く，問題を解くためには**複数の情報をあわせて考えなければならない**場合があります。1回聞くだけでは該当部分がつかめないことも多いので，**1回目は全体の状況をとらえることに専念**しましょう。そして，**2回目で情報を確認して解けばよい**のです。大切なのは，**1回目で答えが選べなくても慌てない**ことです。

　質問があらかじめ示されている場合は，必ず先に読み，探すべき情報を知っておきましょう。選択肢まで全部読む時間がなければ，サッと目を通すだけで構いません。その際，**選択肢の共通点に着目**してください。例えば，What will the man probably do next? （その男性はおそらく次に何をするでしょうか？）という質問に対して，選択肢の先頭がすべて He will undertake ... （彼は…を引き受けるでしょう）となっていたら，「彼が次に引き受けるものは何か？」という情報を探しながら音声を聞いていけばよいわけです。

　視覚情報がない問題では，**頭の中で登場人物の映像を描きながら聞く**ことも理解の助けになるので，意識して取り組んでみましょう。

対話を聞き，その質問に対して最も適切なものを **1, 2, 3, 4** の中から一つ選びなさい。

🔊 Chapter2_02

1 There is a direct service.

2 You have to change trains.

3 There is no service on weekends.

4 It takes two hours by train.

会話の内容と質問を確認してみましょう。

W: Greg, what's the best way to Moonlight Villa? I'm going there this weekend.

M: If you go by train, you have to use several lines, and at Sunshine Station, you have to walk for ten minutes to another platform. I suggest you simply go by car.

W: Well, isn't there any direct bus service?

M: Unfortunately, no. You should go in your own car. The road is wide and it's usually not crowded. It'll be a comfortable two-hour drive.

Question:

What did the man say about the train service to Moonlight Villa?

和訳

女：グレッグ，ムーンライトヴィラまでの一番よい行き方を教えてください。今週そこに行くつもりです。

男：電車で行く場合はいくつかの路線を使わなければなりません。そして，サンシャイン駅では別のプラットフォームまで 10 分間歩かなければなりません。簡単に車で行くことをおすすめします。

女：ええと，直行のバス（便）はないのですか？

男：残念ながらありません。自分の車で行った方がいいですよ。道は広くて，普通は混んでいません。快適な 2 時間のドライブになると思いますよ。

問：ムーンライトヴィラへの電車の便に関して男性は何と言っていますか？

2の選択肢が該当部分の言い換えになっています。「別のプラットフォームまで歩いていく」ということは，「電車を乗り換える（change trains）」ということだと考えられますね。このように，少し推測力をはたらかせて選ぶ必要があります。

　正解の選択肢は，会話やナレーションの内容を言い換えて作られているケースが多いことに注意しておきましょう。

例題2の選択肢の和訳

1　直行便がある。
2　乗り換えなければならない。
3　週末には電車は運行していない。
4　電車だと2時間かかる。

英文を聞き，その質問に対して最も適切なものを **1，2，3，4** の中から一つ
選びなさい。

🔊 Chapter2_03

1 People must not use their smartphones.

2 People should not use flash.

3 The performance will be delayed.

4 The performance can be scary.

ナレーションの内容と質問を確認してみましょう。

Thank you for coming to the Amazing Animal Show this afternoon.
We want to remind you that taking photos with flash will scare the
animals and is not allowed during the show. Also, please refrain from
eating and drinking in this hall. The show will be starting in a few
minutes. Enjoy watching our little animals do their amazing tricks.
Thank you.

Question:

What is one thing that the speaker says?

和訳

本日の午後に驚きの動物ショーに来ていただいてありがとうございます。フラッシ
ュを使って写真を撮ることは，動物たちが怖がってしまうため，ショーの最中は禁
止されていますので，確認させてください。また，このホールでは飲食はご遠慮く
ださい。あと数分でショーが始まります。小さな動物たちの驚きの芸を見て楽しん
でください。ありがとうございます。

問：話し手が述べている1つのことは何ですか？

　ナレーションでは「動物たちが怖がるので，フラッシュ撮影は許されて
いない」と述べています。これを言い換えている，2（フラッシュを使う
べきでない）が正解となります。1のスマートフォンの使用については，特
に述べられていません。

1 人々はスマートフォンを使ってはならない。

2 人々はフラッシュを使うべきではない。

3 ショーは遅れる。

4 ショーは怖いこともある。

● CEFR A2 程度
●試験時間：約25分
（解答時間：各問10秒）

◀)) Chapter2_Ex01

第1部……対話を聞き，その最後の文に対する応答として最も適切なものを，放送される **1**，**2**，**3** の中から一つ選びなさい。

No. 1～No. 10（選択肢はすべて放送されます。）

No.1	①②③	No.2	①②③	No.3	①②③	No.4	①②③	No.5	①②③
No.6	①②③	No.7	①②③	No.8	①②③	No.9	①②③	No.10	①②③

第2部……対話を聞き，その質問に対して最も適切なものを **1**，**2**，**3**，**4** の中から一つ選びなさい。

No. 11　　**1**　At a museum.

　　　　　　　2　At a restaurant.

　　　　　　　3　In a parking lot.

　　　　　　　4　In an art class.

No.11	① ② ③ ④

No. 12　　**1**　Check into a hotel.

　　　　　　　2　Clean up the garbage.

　　　　　　　3　Get in their car.

　　　　　　　4　Look for the bear.

No.12	① ② ③ ④

No. 13　　**1**　He's going to get coffee with a friend.

　　　　　　　2　He's going to meet his grandparents.

　　　　　　　3　He's going to study at the library.

　　　　　　　4　He's going to take a different bus.

No.13	① ② ③ ④

No. 14	**1**	He has an injury.
	2	He needs to catch a bus.
	3	He's embarrassed about running.
	4	He's going to play soccer.

No.14 ① ② ③ ④

No. 15	**1**	She made her own salad dressing.
	2	She started growing tomatoes this year.
	3	She wants to have a bigger garden.
	4	She works in a flower shop.

No.15 ① ② ③ ④

No. 16	**1**	He wants to buy spaghetti sauce.
	2	He wants to get a new shirt.
	3	He wants to report a problem.
	4	He wants to schedule an appointment.

No.16 ① ② ③ ④

No. 17	**1**	Buy the sweater online.
	2	Go back to the store next week.
	3	Look for a different color.
	4	Try on the sweater.

No.17 ① ② ③ ④

No. 18	**1**	She enjoys meeting new people.
	2	She fights with other animals.
	3	She is very noisy.
	4	She likes peanut butter.

No.18 ① ② ③ ④

No. 19	**1**	Get his kite.
	2	Go to the hospital.
	3	Pick an apple.
	4	Talk to his father.

No.19 ① ② ③ ④

No. 20	**1**	Buy a new coat.
	2	Go hiking.
	3	Watch a play.
	4	Visit her mother.

No.20　① ② ③ ④

第3部……英文を聞き，その質問に対して最も適切なものを **1，2，3，4** の中から一つ選びなさい。

No. 21	**1**	They give people books.
	2	They open Christmas presents.
	3	They order items from abroad.
	4	They visit another country.

No.21　① ② ③ ④

No. 22	**1**	She ran in the Boston Marathon in secret.
	2	She ran the fastest in the Boston Marathon.
	3	She thought a full marathon would be too difficult.
	4	She won the 1966 Boston Marathon.

No.22　① ② ③ ④

No. 23	**1**	It blooms every few days.
	2	It does not smell good.
	3	It grows near dead animals.
	4	It kills and digests flies.

No.23　① ② ③ ④

No. 24	**1**	It is 800 meters tall.
	2	It often rains on the escalator.
	3	It only goes one way at a time.
	4	It runs 24 hours a day.

No.24　① ② ③ ④

No. 25	1	To attract more tourists.
	2	To get back stolen items.
	3	To put on a show for tourists.
	4	To thank monkeys in the town.

No.25　① ② ③ ④

No. 26	1	It has more restaurants than Venice.
	2	It has the biggest park in Europe.
	3	It is famous for chocolate.
	4	It was formed in 1824.

No.26　① ② ③ ④

No. 27	1	Their heart rate is extremely slow.
	2	They weigh less than other birds.
	3	They cannot walk backward.
	4	They have a good sense of smell.

No.27　① ② ③ ④

No. 28	1	It has gotten much bigger.
	2	It has more than four million sheep.
	3	It is the oldest park in the world.
	4	Only 1,500 people visit each day.

No.28　① ② ③ ④

No. 29	1	People didn't like them at first.
	2	The invention was an accident.
	3	They were a famous chef's idea.
	4	They were a restaurant's most popular item.

No.29　① ② ③ ④

No. 30	1	To get some exercise.
	2	To make better honey.
	3	To produce more eggs.
	4	To warm up the hive.

No.30　① ② ③ ④

〈No. 1〉
☐ hear from 〜　　　〜から便り[連絡]をもらう

〈No. 2〉
☐ accept [əksépt]　　　(動) (学生として) 受け入れる

〈No. 4〉
☐ deliver [dilívər]　　　(動) 〜を配達する，届ける

〈No. 5〉
☐ discount coupon　　　割引クーポン

〈No. 7〉
☐ improve [imprú:v]　　　(動) 上達する，よくなる

〈No. 8〉
☐ friendly [fréndli]　　　(形) 友好的な，好意的な
☐ actually [ǽktʃuəli]　　　(副) 実は，実際に，(まさかと思うだろうが) 本当に
☐ a bit　　　わずかに
☐ far from 〜　　　〜から遠い，離れて

〈No. 9〉
☐ be on one's way　　　向かっている

〈No. 10〉
☐ in a while　　　しばらくの間
☐ basement [béismənt]　　　(名) 地階，地下室
☐ vacuum cleaner　　　電気掃除機
☐ take care of 〜　　　〜の世話をする

〈No. 11〉
☐ parking lot　　　駐車場
☐ exit [égzit]　　　(名) 出口
☐ take place　　　(〜が) 行われる，生じる

〈No. 12〉
☐ look like 〜　　　〜のようである

〈No. 14〉
☐ get injured　　　傷つく，けがをする
☐ embarrassed [embǽrəst]　　　(形) きまり悪い，困って
☐ step off 〜　　　〜から降りる，下がる

〈No. 16〉
☐ terribly [térəbəli]　　　(副) ものすごく，非常に
☐ for free　　　無料で
☐ report [ripɔ́:rt]　　　(動) (〜を) 報告する
☐ appointment [əpɔ́intmənt]　　　(名) 予約，(人と会う) 約束

〈No. 17〉
☐ medium [mí:diəm]　　　(名) 中くらい，M サイズの衣服
☐ try on 〜　　　〜を試着する

〈No. 18〉
☐ nervous [nə́:rvəs]　　　(形) 神経質な
☐ fight [fáit]　　　(動) (〜と) 戦う

〈No. 19〉
☐ get caught in 〜　　　〜に挟まれる
☐ branch [brǽnʃ]　　　(名) 枝

〈No. 20〉
☐ these days　　　このごろ (は)

〈No. 21〉
☐ that's why　　　そういう理由で

〈No. 22〉
☐ official [əfíʃəl]　　　(名) 役人，職員
☐ secretly [sí:krətli]　　　(副) 隠れて，こっそりと
☐ race [réis]　　　(名) 競争，レース

⟨No. 23⟩

☐ smell (動) ～のにおいがする
[smél]

☐ corpse (名) 死体，死骸
[kɔ́:rps]

☐ bloom (動) 花が咲く
[blú:m]

☐ attract (動) ～を引きつける，～
[ətrǽkt] を魅惑する

☐ digest (動) 消化する
[daidʒést]

⟨No. 24⟩

☐ whole (形) 全体の，すべての
[hóul]

⟨No. 25⟩

☐ pound (名) ポンド（重量の単位）
[páund]

☐ performer (名) 役者，演者
[pərfɔ́:rmər]

☐ dress up 特別な服装をする

☐ costume (名)（演劇に用いる）衣装
[kástʲu:m]

☐ cell phone 携帯電話

☐ get back 取り戻す

⟨No. 26⟩

☐ as well as ～ ～も同様に

☐ canal (名) 運河，人工水路
[kənǽl]

☐ establish (動) ～を設立する
[istǽbliʃ]

⟨No. 27⟩

☐ species (名)（生物の）種
[spí:ʃi(:)z]

☐ average (形) 平均の，普通の
[ǽvəridʒ]

☐ resting heart rate 安静時脈拍数

☐ beat (名) 連打（の音），拍子
[bí:t]

☐ per (前) ～につき
[pər]

☐ extremely (副) 極端に，きわめて
[ikstrí:mli]

☐ walk backward 後ずさりする

⟨No. 28⟩

☐ originally (副) もともとは，元来
[ərídʒənəli]

☐ square kilometer 平方キロメートル

☐ trail (名)（山中などの）小道
[tréil]

⟨No. 29⟩

☐ peel (動) ～の皮をむく
[pí:l]

☐ take a bite 一口食べる

⟨No. 30⟩

☐ degrees Celsius 摂氏度

☐ face inward 内側に向ける

☐ shake (動) ～を振る，揺する，
[ʃéik] 揺さぶる

☐ warm up 温める，温め直す

☐ energy (名) エネルギー，精力
[énərdʒi]

☐ hive (名) ミツバチの巣箱
[háiv]

◀» Chapter2_Ex02

第 **1** 部……対話を聞き，その質問に対して最も適切なものを **1**，**2**，**3**，**4** の中から一つ選びなさい。

No. 1
1 Do his math homework.
2 Look over his history report.
3 Set the table for dinner.
4 Turn in his homework.

No.1 ① ② ③ ④

No.2
1 She can't find the garbage room.
2 She is on the wrong floor.
3 She needs a new car.
4 She wants help moving in.

No.2 ① ② ③ ④

No. 3
1 She is allergic to dogs.
2 She is going out of town.
3 She likes to go running.
4 She wants to get a dog.

No.3 ① ② ③ ④

No. 4
1 It is too expensive.
2 She wants more dessert.
3 The pasta is delicious.
4 The steak is too big.

No.4 ① ② ③ ④

No. 5
1 Ask for her money back.
2 Get a new computer.
3 Find a different brand.
4 Fix her old computer.

No.5 ① ② ③ ④

No. 6	**1**	Eat at an Italian restaurant.
	2	Go to a jazz concert.
	3	Have dinner with their friend.
	4	Take some cooking lessons.

No.6 ① ② ③ ④

No. 7	**1**	Finish a presentation.
	2	Move some papers.
	3	Print a document.
	4	Turn her computer on.

No.7 ① ② ③ ④

No. 8	**1**	He has a bad headache.
	2	He runs out of medicine.
	3	His fever has gone away.
	4	It has not changed at all.

No.8 ① ② ③ ④

No. 9	**1**	The group could get a discount on their dinner.
	2	The group could have their meal outside.
	3	The group could hold a birthday party there.
	4	The group could make a reservation at 8 p.m.

No.9 ① ② ③ ④

No. 10	**1**	Her classes are extremely difficult.
	2	Her tests are easier than those of other professors.
	3	She is the most popular professor.
	4	She wants students to talk in class.

No.10 ① ② ③ ④

No. 11	**1**	He took too long to get ready.
	2	The bus schedule changed.
	3	There was a lot of traffic.
	4	There was a new bus driver.

No.11 ① ② ③ ④

No. 12	1	Get one of the big dogs.
	2	Look for a dog online.
	3	Sell her dog in the newspaper.
	4	Take the beagle home.

No.12 ① ② ③ ④

No. 13	1	Book a different flight.
	2	Cancel her taxi reservation.
	3	Change her spa appointment.
	4	Move to a bigger room.

No.13 ① ② ③ ④

No. 14	1	He is going out of town for a while.
	2	He lives near the train station.
	3	The beach is closed during the winter.
	4	There's a Chinese restaurant close by.

No.14 ① ② ③ ④

No. 15	1	She found his groceries outside.
	2	She needed help her with her car.
	3	She saw the light on in his car.
	4	She wanted to go for a walk together.

No.15 ① ② ③ ④

第2部……英文を聞き，その質問に対して最も適切なものを **1，2，3，4** の中から一つ選びなさい。

No. 16	1	Their hands looked young.
	2	They liked to bake bread.
	3	They were all over 70 years old.
	4	They wore a lot of makeup.

No.16 ① ② ③ ④

No. 17
1 He wanted to raise $5,000 dollars.
2 He was training for a competition.
3 He was trying to fight cancer.
4 His organization asked him to.

No.17 ① ② ③ ④

No. 18
1 They don't want the trees to get sick.
2 They get sick when they eat too much.
3 They help the trees to communicate.
4 They want to avoid certain chemicals.

No.18 ① ② ③ ④

No. 19
1 He graduated from an engineering school.
2 He invented the radar.
3 He made chocolate melt with a machine.
4 He sold a lot of microwave ovens.

No.19 ① ② ③ ④

No. 20
1 He invented the camera.
2 He sold metal plates.
3 He took a picture of himself.
4 He worked for Louis Daguerre.

No.20 ① ② ③ ④

No. 21
1 It could be broken down and sold.
2 It made Paris look more attractive.
3 It was useful for the French army.
4 They didn't want Spain to have it.

No.21 ① ② ③ ④

No. 22
1 He couldn't sell ice to a powerful king.
2 The ice in one of his ships melted.
3 The water in Boston wasn't cold enough.
4 Too many people had refrigerators.

No.22 ① ② ③ ④

No. 23	**1**	It can make you feel sick.
	2	It grows in large holes.
	3	It is a kind of cheese.
	4	It is a kind of pineapple.

No.23	① ② ③ ④

No. 24	**1**	Beaches frequently need new sand.
	2	Deserts are growing too big.
	3	It is an important construction material.
	4	Round sand is especially valuable.

No.24	① ② ③ ④

No. 25	**1**	It helps fix broken tracks.
	2	It is an annual railroad tradition.
	3	It makes trains go faster.
	4	It prevents them from breaking.

No.25	① ② ③ ④

No. 26	**1**	British people need it to graduate from college.
	2	It's a device in every taxi in London.
	3	No one has ever failed it.
	4	Only 25,000 people have ever passed.

No.26	① ② ③ ④

No. 27	**1**	They buy vegetables at local markets.
	2	They make soup for their fans.
	3	They practice for six hours.
	4	They throw away their old instruments.

No.27	① ② ③ ④

No. 28	**1**	It used to deliver newspapers.
	2	It was faster than sending items by train.
	3	People could mail children in the past.
	4	People thought it was too expensive at first.

No.28	① ② ③ ④

No. 29   **1**   A railway uses it to make train schedules.

           2   It is too dangerous to fix it.

           3   It helps people catch their trains.

           4   The broken part costs too much to fix.

No. 30   **1**   He buries diamonds in the dirt.

           2   He gives tours to shoppers.

           3   He looks for treasure on the sidewalks.

           4   He sells the jewelry he makes.

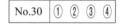

語句

⟨No. 1⟩
- plenty of   (数・量が) たくさんの

⟨No. 3⟩
- allergic   (形) アレルギーの
  [ələ́ːrdʒik]
- available   (形) 利用できる
  [əvéiləbəl]
- feed   (動) 〜に食物[えさ]を
  [fíːd]   与える
- doubt   (動) 〜ではないだろうと
  [dáut]   思う

⟨No. 4⟩
- barely   (副) かろうじて
  [béərli]
- feel free to do   自由に[遠慮なく]〜する

⟨No. 5⟩
- refund   (名) 払い戻し（金）
  [ríːfʌnd]
- accidentally   (副) 偶然に，たまたま
  [æ̀ksədénttəli]
- unfortunately   (副) あいにく，残念なが
  [ʌnfɔ́ːrtʃənətli]   ら
- fix   (動) 〜を修理する
  [fíks]

⟨No. 6⟩
- reserve   (動) 〜を予約する
  [rizə́ːrv]

⟨No. 7⟩
- be about to do   〜するところである
- presentation   (名) プレゼンテーション，
  [prèzəntéiʃən]   (口頭) 発表，説明
- client   (名) クライアント，依頼
  [kláiənt]   人
- do 〜 a favor   〜の頼みをきく
- document   (名) 文書，書類
  [dákjəmənt]
- throw away 〜   〜を捨てる

⟨No. 8⟩
- bother   (動) 〜を悩ませる，困ら
  [báðər]   せる
- symptom   (名) 症状
  [símptəm]
- ahead   (副) 前方に，先に
  [əhéd]
- examination   (名) 検査，調査
  [igzæ̀mənéiʃən]
- illness   (名) 病気
  [ílnəs]
- run out of 〜   〜が尽きる，切らす

⟨No. 9⟩
- reservation   (名) 予約
  [rèzərvéiʃən]
- run behind   予定より遅れて進む
  schedule
- outside   (副) 戸外で
  [áutsáid]

⟨No. 10⟩
- professor   (名) 教授
  [prəfésər]

⟨No. 11⟩
- go by   通過する，通り過ぎる

⟨No. 12⟩
- heart is set on 〜   〜に心を奪われている
- recommend   (動) 〜を勧める
  [rèkəménd]

⟨No. 13⟩
- cancel   (動) 〜をキャンセルする，
  [kǽnsəl]   取り消す
- book   (動) (〜を) 予約する
  [búk]

⟨No. 14⟩
- across from 〜   〜の向かいに
- for a while   しばらくの間

⟨No. 15⟩
- [ ] notice   (動)（～に）気がつく
  [nóutəs]
- [ ] grocery   (名) 食料（雑貨）品
  [gróusəri]

⟨No. 16⟩
- [ ] even though ...   …であるのに，…だが
- [ ] discover   (動) ～を発見する
  [diskʌ́vər]
- [ ] yeast   (名) イースト，酵母（菌）
  [jíːst]

⟨No. 17⟩
- [ ] cancer   (名) ガン
  [kǽnsər]
- [ ] afterward   (副) 後で，その後
  [ǽftərwərd]
- [ ] organization   (名) 組織，団体
  [ɔ̀ːrgənəzéiʃən]
- [ ] competition   (名) 競争，試合
  [kàmpətíʃən]

⟨No. 18⟩
- [ ] release   (動) ～を放出する
  [rilíːs]
- [ ] chemical   (名) 化学物質
  [kémikəl]

⟨No. 19⟩
- [ ] radar   (名) レーダー，電波探知機
  [réidɑːr]
- [ ] melt   (動)（熱で）溶ける
  [mélt]
- [ ] heat up   温まる，熱くなる
- [ ] lead   (動)（～を）導く
  [líːd]
- [ ] microwave   (名) 電子レンジ
  [máikrowèiv]
- [ ] engineering   (名) 工学（技術）
  [èndʒəníəriŋ]

⟨No. 20⟩
- [ ] selfie   (名) 自撮り
  [sélfi]
- [ ] process   (名) 過程，製法
  [práses]

⟨No. 21⟩
- [ ] structure   (名) 建造物
  [strʌ́ktʃər]
- [ ] architect   (名) 建築家
  [ɑ́ːrkitèkt]
- [ ] plan   (動)（～を）計画する
  [plǽn]
- [ ] reject   (動)（計画・提案など）を拒否する
  [ridʒékt]
- [ ] break down ～   ～を（打ち）壊す
- [ ] army   (名) 軍隊
  [ɑ́ːrmi]

⟨No. 22⟩
- [ ] refrigerator   (名) 冷蔵庫
  [rifrídʒərèitər]
- [ ] shipment   (名) 船積み荷
  [ʃípmənt]

⟨No. 23⟩
- [ ] ripe   (形) 熟した
  [ráip]
- [ ] throat   (名) のど
  [θróut]
- [ ] ready   (形) 用意 [準備] ができて
  [rédi]
- [ ] taste   (動) ～な味がする
  [téist]

⟨No. 24⟩
- [ ] particle   (名) 小さな粒，(微) 粒子
  [pɑ́ːrtikəl]
- [ ] ocean   (名) 大洋，海
  [óuʃən]
- [ ] sharp   (形) 鋭い
  [ʃɑ́ːrp]
- [ ] angle   (名) 角度
  [ǽŋgəl]

☐ fit 　　　　　　　（動）ぴったり合う
　[fít]

☐ on the other hand 　一方で，他方では，これ
　　　　　　　　　　　に対して

☐ round 　　　　　　（形）丸い
　[ráund]

☐ frequently 　　　　（副）頻繁に，しばしば
　[frí:kwəntli]

☐ construction 　　　（名）建設，工事
　[kənstrʌ́kʃən]

☐ valuable 　　　　　（形）価値のある
　[vǽljəbəl]

〈No. 25〉

☐ railroad 　　　　　（名）鉄道，鉄道会社
　[réilròud]

☐ fall apart 　　　　　ばらばらに離れる

☐ heater 　　　　　　（名）ヒーター，暖房装置
　[hí:tər]

☐ annual 　　　　　　（形）年1回の，毎年の
　[ǽnjuəl]

〈No. 26〉

☐ a series of 〜 　　　一連の〜

☐ in fact 　　　　　　実際は

☐ failure 　　　　　　（名）失敗，不合格
　[féiljər]

☐ device 　　　　　　（名）装置，機器
　[diváis]

〈No. 27〉

☐ instrument 　　　　（名）楽器
　[ínstrəmənt]

〈No. 28〉

☐ package 　　　　　（名）小包，小荷物
　[pǽkidʒ]

☐ no longer ... 　　　もはや…でない，もはや
　　　　　　　　　　　…しない

〈No. 29〉

☐ at the top of 〜 　　〜の頂上に，（一番）上に

☐ railway 　　　　　（名）鉄道
　[réilwèi]

☐ since then 　　　　それ以来，それ以降

〈No. 30〉

☐ sidewalk 　　　　　（名）歩道
　[sáidwɔ̀:k]

☐ district 　　　　　（名）（行政的な）地区
　[dístrikt]

☐ dig 　　　　　　　（動）（地面・穴）を掘る
　[díg]

☐ dirt 　　　　　　　（名）土
　[dɔ́:rt]

☐ stick 　　　　　　（動）くっつく
　[stík]

Chapter 3

大学入学共通テスト 英語リスニングの傾向と対策

　この章では，大学入学共通テストのリスニング試験の問題形式と，その解答の
ポイントについて解説します。

▌短文発話 内容一致問題

> **▶攻略法**
> ・話されている内容から，その文が話されている状況や話し手の心理まで想
> 　像する。
> ・文を要約する練習や，パラフレーズする（他の表現で言い換える）練習を
> 　普段から重ねておく。

例題1　※平成30年度試行調査・第1問Aより抜粋（問3・問4省略）

それぞれの問いについて，聞こえてくる英文の内容に最も近い意味のものを，
四つの選択肢 $\left(①～④\right)$ のうちから一つずつ選びなさい。**2回流します。**

🔊 Chapter3_01

問 1　① The speaker does not want anything.

　　　② The speaker wants both tea and cookies.

　　　③ The speaker wants cookies.

　　　④ The speaker wants tea.

問 2　① The speaker cannot go to the party.

　　　② The speaker does not have work tomorrow.

　　　③ The speaker has another party to go to.

　　　④ The speaker's birthday is tomorrow.

問1 ④ **問2** ①

　流れてくる短い発話を二度聞いて，その内容を言い換えた適切な英文を選ぶ問題です。単に表現の言い換えではなく，状況や心理をよく理解して考えなければ解けないような問題も含まれています。平易な英語が使われていますが，少しひねった出題となっているので，慣れが必要です。同義語や同意表現などの言い換えについては，普段から英英辞典などを使って，なじんでおくのもよいでしょう。

　問1の ～ would be nice は「～をいただければありがたい」という意味で, 欲しいものを丁寧に要求するときに使う表現です。

　問2は，but（でも）という接続詞に注意。「仕事がたくさんある」から，パーティーに行けないという事情を推察します。

問1 I've had enough cookies, thanks. Some more tea would be nice.

和訳 クッキーは十分いただきました，ありがとう。もう少しお茶をいただけるといいですね。

問2 I'd love to go to your birthday party tomorrow, but I have a lot of work to do.

和訳 明日のバースデーパーティーに参加したいのですが，やらなくてはならない仕事がたくさんあるのです。

例題 1 の選択肢の和訳

問1　① 話し手は何も欲しくない。

　　② 話し手はお茶もクッキーも両方欲しい。

　　③ 話し手はクッキーが欲しい。

　　④ 話し手はお茶が欲しい。

問2　① 話し手はパーティーに行くことができない。

　　② 話し手は明日は仕事がない。

　　③ 話し手は行かなければならない別のパーティーがある。

　　④ 話し手の誕生日は明日だ。

▶**攻略法**

・音声が2回流れる問題は，語彙が易しくても，内容が紛らわしかったり，計算や論理的思考が求められたりするので，油断は禁物。

・1回目で状況を把握し，2回目で該当箇所を確認して解答する。

例題2 ※平成30年度試行調査・第1問Bより抜粋（問1省略）

それぞれの問いについて，聞こえてくる英文の内容に最も近い絵を，四つの選択肢(①～④)のうちから一つずつ選びなさい。 **2回流します。**

🔊Chapter3_02

問2

① ②

③ ④

問3

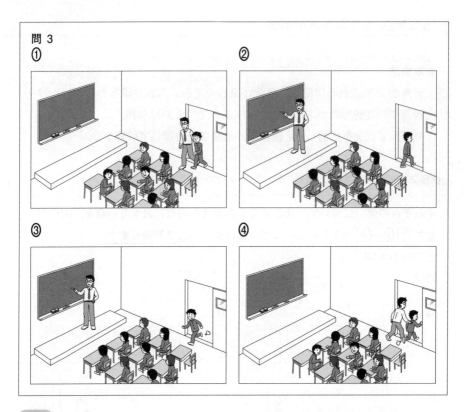

① ② ③ ④

問2 ④ **問3** ③

短い発話を二度聞き，それに対応する絵を選びます。他の問題でも同様ですが，英文法をよく理解していないと間違ってしまうような問題も出題されます。

問2の too ... to V は「V するには…すぎる」という意味の構文です。彼女は釣りに行きたいけれど行けない状況であることを推察します。

問3の had Vpp（過去完了形）は過去のある時点までの完了・経験・継続を表すので，教室に到着した時点で授業が始まっている様子を表す絵を選びます。

問2 Right now, she's too busy to go to the lake and fish.

和訳 現在，彼女は忙しすぎて湖に行って釣りをすることができない。

問3 When the boy entered the classroom, the teacher had already started the lesson.

和訳 少年が教室に入ったときには，すでに先生は授業を始めていた。

> **▶攻略法**
> ・日本語での場面説明がある問題は，それを先に読んで，あらかじめ状況を把握しておくことで理解を深める。
> ・イラストに先に目を通し，会話のテーマを事前に予測する。
> ・1回目に全体的な内容を聞き取り，2回目に細かい部分を聞き取る。

例題3 ※平成30年度試行調査・第2問より抜粋（問2・問3・問4省略）

問いについて，対話の場面が日本語で書かれています。対話とそれについての問いを聞き，その答えとして最も適切なものを，四つの選択肢（**①~④**）のうちから一つ選びなさい。**2回流します。**

🔊 Chapter3_03

問 1 居間でクリスマスツリーの置き場所について話をしています。

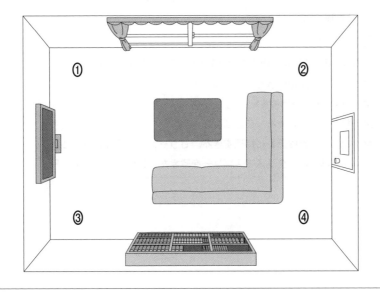

問1 ②

対話を聞き，それに続く質問の答えとなるものをイラストで選択する問題です。ここで使われている英語は，CEFR A1 〜 A2 レベルのものです。しかし，音声が2回流れるタイプの問題では，易しくなりすぎないよう，複雑な内容になっていることが多いです。1回目で状況を把握し，2回目で該当部分を確認してから解答しましょう。1回目で選べなくても慌てないことが重要です。

問1は，まず，女性が by the window（窓のそば）と言っていることから，窓側の①と②に絞り込むことができます。その後，テレビに近すぎない，もう一方の隅がいい（the other 〜は「もう一方の〜」という意味の表現）と言っているので，テレビと反対側の②だとわかります。

問1　**M**: How about there, near the bookshelf?

　　　W: I'd prefer it by the window.

　　　M: OK. Right here, then?

　　　W: No, that's too close to the TV. I think the other corner would be better.

Question:

Where does the woman want to put the Christmas tree?

和訳　男：そこの，本棚の近くはどうかな？

　　　女：窓のそばの方がいいと思う。

　　　男：わかった。じゃあ，ここは？

　　　女：いえ，それはテレビに近すぎる。もう一方の隅の方がいいと思う。

　　　問：女性はどこにクリスマスツリーを置きたいと思っていますか？

> ▶攻略法
> ・設問を先に読める問題は「スキャニング（情報検索）」の力が求められている。必要な情報に関連する部分を探すつもりで音声を聞く。
> ・イラストなどの視覚情報がない問題は頭の中にイメージを描きながら聞く。

例題 4　※平成 30 年度試行調査・第 3 問より抜粋（問 3・問 4 省略）

それぞれの問いについて，対話の場面が日本語で書かれています。対話を聞き，問いの答えとして最も適切なものを，四つの選択肢 $\left(①～④\right)$ のうちから一つずつ選びなさい。（問いの英文は書かれています。）　**2 回流します。**

◀»）Chapter3_04

問 1　夫婦が今夜の夕食について話をしています。

What is the couple going to eat for dinner?

① Pasta and salad　　② Pasta and soup

③ Pizza and salad　　④ Pizza and soup

問 2　男性が通行人に話しかけています。

What will the man do?

① Ask for a ride.　　② Take a bus.

③ Take a taxi.　　④ Walk to the hotel.

解答

問 1 ①　問 2 ④

　対話を聞き，それに関する設問に対して適切な答えを選ぶ問題です。場面説明と設問を先に読み，どんな情報を探すべきかを押さえた上で対話を聞きましょう。

　問 1 は，男性が昼食にピザを食べたと述べると，女性はパスタを提案します。続けて，隣人から野菜をもらったのでスープではなくサラダを食べようと提案し（A instead of B は「B の代わりに A」という意味の表現），男性が That sounds good!（それはいいね）と答えているので,パスタとサラダを食べるとわかります。

　問 2 は, 最後の I'll do that. が何を指すのか把握することが重要です。直前の女性の発言「タクシーかバスに乗る」「歩いて行き, 景色を楽しむ」に対する, 男性の「天気がいい」「運動になる」という発言から推測して,「歩く」とわかります。

問1　**W**: Would you rather have pizza or pasta for dinner?

　　M: Well, I had pizza for lunch ....

　　W: OK, then pasta. We could have soup with that. Oh, but the neighbor gave us lots of lettuce and tomatoes from her garden, so how about a salad instead of soup?

　　M: Sure! That sounds good!

和訳　女：夕食にピザとパスタのどちらがいい？

　　　男：ええと，昼食にピザを食べたんだ…。

　　　女：わかった，じゃあパスタね。それと一緒にスープをいただくのもいいかな。ああ，でもお隣の人が庭のレタスとトマトをたくさんくれたから，スープの代わりにサラダはどうかしら？

　　　男：もちろん！　いいね！

問2　**M**: Excuse me. Could you tell me how to get to the Riverside Hotel from here?

　　W: You can take a taxi or a bus. Or you can walk there and enjoy the view. It's not too far.

　　M: Hmm, it's a nice day, and I need some exercise. I'll do that.

和訳　男：すみません。ここからリバーサイドホテルへどのようにして行けばよいか教えていただけますか？

　　　女：タクシーかバスに乗って行くことができます。またはそこまで歩いていき，景色を楽しむこともできます。それほど遠くはありません。

　　　男：なるほど，今日は天気がよいし，私は少し運動する必要があります。そうしてみます。

例題4の問い・選択肢の和訳

問1　夫婦は夕食に何を食べるでしょうか？

①パスタとサラダ　②パスタとスープ　③ピザとサラダ　④ピザとスープ

問2　男性は何をするでしょうか？

①車で送ってくれるよう頼む。　②バスに乗る。　③タクシーに乗る。　④ホテルまで歩く。

▶攻略法
・物語を聞き，内容を時系列的に整理することに慣れておく。
　→普段から，簡単な内容の小説を読んだり，オーディオブックで物語を楽
　　しんだりすることで，耳からストーリーを理解する訓練をしておく。
・日常的な物事や動作を表す語彙を習得しておく。

例題5　※平成 30 年度試行調査・第 4 問 A より抜粋

話を聞き，問いの答えとして最も適切なものを，選択肢のうちから選びなさ
い。**1 回流します。**

🔊 Chapter3_05

問 1　女の子がペットの猫(サクラ)について話しています。話を聞き，その内容を
　　表したイラスト(①〜④)を，聞こえてくる順番に並べなさい。

解答 ....

問1 ③→②→①→④

　ストーリーを聞いて，その順番にイラストを並べ替える問題です。時系列的に物語を整理しながら聞いていき，それぞれの絵を選ぶのにポイントとなる表現を聞き漏らさないようにしましょう。

③ Sakura, ran out（サクラが走って外に出た）

② My family began looking for her.（家族が彼女 [サクラ] を捜し始めた。）

① I placed food and water outside the door（ドアの外にエサと水を置いた）

④ from behind the bushes, I heard a soft "meow."（茂みの後ろから，静かに「ニャー」と鳴く声が聞こえた。）

問1

Last Saturday, when my grandmother opened the front door of our house, our family cat, Sakura, ran out to chase a bird. My grandmother tried to catch her, but Sakura was too fast. My family began looking for her. When it got too dark to see, we gave up our search for the night. We were so sad. I placed food and water outside the door in case Sakura came home. The next morning I ran to the door to check the food. The food had been eaten, but Sakura wasn't there. Then suddenly, from behind the bushes, I heard a soft "meow."

和訳

先週土曜日，祖母が家の玄関のドアを開けたとき，私たちの家族である猫のサクラが鳥を追いかけて外に出て行ってしまった。祖母は彼女をつかまえようとしたけれど，サクラはすばやすぎた。私の家族は彼女を捜し始めた。暗くなりすぎて見えなくなって，私たちは夜に捜すのをあきらめた。私たちはとても悲しかった。サクラが帰ってきた場合に備えて，私はエサと水をドアの外に置いた。翌朝，私はエサを確認するためドアへ走って行った。エサは食べられていたが，サクラはそこにいなかった。そのとき突然，茂みの後ろから，静かに「ニャー」と鳴く声が聞こえた。

48

・状況説明や表にすばやく目を通し，事前に概要を把握する。

・表では数字がよく使われる。聞こえた数字を単に補うだけでなく簡単な計算
を要する場合もある。英語での数字の表現を訳さず使えるようにしておく。

例題6 ※平成30年度試行調査・第4問Aより抜粋

🔊 Chapter3_06

問2 あなたは海外インターンシップで旅行代理店の手伝いをしています。ツアー
の料金についての説明を聞き，下の表の四つの空欄 | 1 | ～ | 4 | にあて
はめるのに最も適切なものを，五つの選択肢(①～⑤)のうちから一つずつ選
びなさい。選択肢は2回以上使ってもかまいません。

① $50   ② $70   ③ $100   ④ $150   ⑤ $200

Tour		Time (minutes)	Price
Hiking	Course A	30	1
	Course B	80	2
Picnicking	Course C	60	
	Course D	90	3
Mountain Climbing	Course E	120	4
	Course F	300	

問2 [1] ② [2] ③ [3] ③ [4] ④

　指示を聞きながら該当するものを選ぶ問題です。数字が使われた場合に混乱しないように，普段から英語での数字に関する表現に慣れておく必要があります。

　この問題では，1時間，つまり60分までの料金が70ドルであるという部分から，まず [1] は70ドルだとわかります。それに続く，60分から90分までのツアーが100ドルであるという部分から，[2] と [3] は100ドルであるとわかります。そして，90分を過ぎると1時間ごとに追加料金を50ドル請求するという部分から，[4] は100ドルに50ドルを足して150ドルとなります。重要な数字には印をつけたりメモをとったりして，正確を期しましょう。

問2

This is the list of outdoor tours that we offer. I haven't filled in the price column yet, so could you help me complete it? The prices depend on how long each tour is. The price is 70 dollars for tours up to one hour ... and 100 dollars for tours over 60 minutes up to 90 minutes. We charge 50 dollars for each additional hour over 90 minutes.

和訳

これは私たちが提供するアウトドアツアーのリストです。まだ価格欄に記入していないので，完成させるのを手伝っていただけませんか？　料金は各ツアーの長さによって決まります。価格は，1時間までのツアーの場合は70ドル…60分から90分までのツアーの場合は100ドルです。90分を超えると追加の1時間ごとに50ドルを請求します。

> **▶攻略法**
> ・あらかじめ状況・条件を読み，表にも目を通しておく。
> ・音声を聞きながら，表の中に印をつけていく。
> ・客観的に情報を比較検討する。比較表現に習熟しておく。

例題 7 ※平成 30 年度試行調査・第 4 問 B より抜粋

四人の説明を聞き，問いの答えとして最も適切なものを，選択肢のうちから選びなさい。メモを取るのに下の表を使ってもかまいません。**1 回流します。**

> **状況**
>
> あなたは大学に入学した後に住むための寮を選んでいます。寮を選ぶにあたり，あなたが考えている条件は以下のとおりです。
>
> **条件**
> A．同じ寮の人たちと交流できる共用スペースがある。
> B．各部屋にバスルームがある。　　C．個室である。

	A. Common space	B. Private bathroom	C. Individual room
① Adams Hall			
② Kennedy Hall			
③ Nelson Hall			
④ Washington Hall			

🔊 Chapter3_07

問 1 先輩四人が自分の住んでいる寮について説明するのを聞き，上の条件に最も合う寮を，四つの選択肢（①～④）のうちから一つ選びなさい。

　　① Adams Hall　　② Kennedy Hall

　　③ Nelson Hall　　④ Washington Hall

解答

問 1 ④

説明を聞き，適切な条件にあてはまるものを選択する問題です。聞きながら表に〇や×などの印をつけていくとよいでしょう。その際，条件 A・B・C に関する

情報が出てくる順番は一定ではないことに注意しましょう。正解の④については，
one of those という代名詞が個室を指していることを理解する必要があります。

問1

1. You'd love Adams Hall. It's got a big recreation room, and we have parties there every weekend. You can also concentrate on your studies because everyone gets their own room. The bathrooms are shared, though.

2. I recommend Kennedy Hall. All the rooms are shared, and the common area is huge, so we always spend time there playing board games. There's a bathroom in every room, which is another thing I like about my hall.

3. I live in Nelson Hall. There are private rooms, but only for the seniors. So, you'll be given a shared room with no bathroom. My favorite place is the common kitchen. We enjoy sharing recipes from different countries with each other.

4. You should come to Washington Hall. The large living room allows you to spend a great amount of time with your friends. Each room has a bathroom. Some rooms are for individual students, and, if you apply in advance, you will surely get one of those.

和訳

1. あなたはきっとアダムスホールを気に入ります。大きなレクリエーションルームがあり，毎週末そこでパーティーを開催しています。誰もが自分の部屋があるので，勉強に集中することもできます。ただし，バスルームは共用です。

2. ケネディホールをお勧めします。すべての部屋が共同で使用され，共有エリアは広々としているので，いつもボードゲームをして過ごしています。すべての部屋にバスルームがあり，これは私のホールのもう1つのお気に入りです。

3. 私はネルソンホールに住んでいます。個室はありますが，シニア専用です。つまり，バスルームのない共同部屋が与えられます。私のお気に入りの場所は共同キッチンです。さまざまな国のレシピをお互いに共有することを楽しんでいます。

4. あなたはワシントンホールに来るべきです。広いリビングルームでは，友達と長い時間を過ごすことができます。各部屋にバスルームがあります。いくつかの部屋は個室で，事前に申し込みをすれば，確実に使えます。

▶**攻略法**

・状況とワークシート，グラフの内容を事前にしっかり読む。

・講義を聞きながら，ワークシートに書き込み，メモをとる。

・ニュースや講演会などの動画が視聴できるサイトを利用して，アカデミックな聞き取りに慣れておく。

例題 8　※平成 30 年度試行調査・第 5 問より抜粋

講義を聞き，それぞれの問いの答えとして最も適切なものを，選択肢のうちから選びなさい。状況と問いを読む時間（約60秒）が与えられた後，音声が流れます。**1回流します。**

状況

　あなたはアメリカの大学で，技術革新と職業の関わりについて，ワークシートにメモを取りながら，講義を聞いています。

ワークシート

○ **The impact of technological changes***

*artificial intelligence (AI), robotics, genetics, etc.

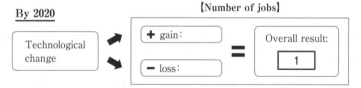

By 2020

【Number of jobs】

Technological change → + gain: / − loss: = Overall result: 1

○ **Kinds of labor created or replaced**

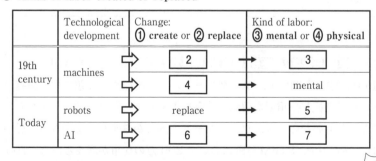

	Technological development	Change: ① create or ② replace	Kind of labor: ③ mental or ④ physical
19th century	machines	2	3
		4	mental
Today	robots	replace	5
	AI	6	7

問 1 (a) ワークシートの空欄 | 1 | にあてはめるのに最も適切なものを, 六つ の選択肢 (①〜⑥) のうちから一つ選びなさい。

① a gain of 2 million jobs   ② a loss of 2 million jobs

③ a gain of 5 million jobs   ④ a loss of 5 million jobs

⑤ a gain of 7 million jobs   ⑥ a loss of 7 million jobs

問 1 (b) ワークシートの表の空欄 | 2 | 〜 | 7 | にあてはめるのに最も適切 なものを, 四つの選択肢 (①〜④) のうちから一つずつ選びなさい。<u>選択肢は 2回以上使ってもかまいません。</u>

① create   ② replace   ③ mental   ④ physical

問 1 (c) 講義の内容と一致するものはどれか。最も適切なものを, 四つの選択肢 (①〜④) のうちから一つ選びなさい。

① Machines are beginning to replace physical labor with the help of robots.

② Mainly blue-collar workers will be affected by the coming technological changes.

③ Two-thirds of the number of women working at an office will lose their jobs.

④ White-collar workers may lose their present jobs because of AI developments.

解答 ┄┄

問 1 (a) | 1 | ④ **(b)** | 2 | ② | 3 | ④ | 4 | ① | 5 | ④ | 6 | ② | 7 | ③ **(c)** ④

(a)(b) は, 講義を聞いて, ワークシートの空所を埋める問題です。講義の流れ をしっかりと把握し, 重要な用語や数字をキャッチしなければなりません。講義 がどのようなものなのかは, ワークシートの内容から概ね予想できると思います。

(a) は, 講義中で, STEM 分野において 200 万の仕事が増える一方, 700 万の 仕事が減ると述べられています。ワークシートの gain (増加) と loss (減少) の

部分にこれを書き込んで計算すると，全体の減少は 500 万ということになります。

　(b) は，講義中の「機械が肉体労働に取って代わったが，頭脳労働が生み出された」という部分から，[2] に②，[3] に④が入るとわかります。[4] は①が入りますが，generate（生み出す）が create（創造する）と似た意味を持つ単語だと知っている必要があります。続く「肉体労働をする多くの人々は，ロボットが彼らの仕事を引き継ぐのではと心配している」という部分から，[5] に④が入るとわかります。また，「AI の発達により，頭脳労働を必要とする仕事でさえも排除される可能性がある」という部分から，[6] に②，[7] に③が入るとわかります。eliminate（排除する）から replace（取って代わる）を連想する必要があります。

　(C) は，選択肢の中から講義の内容と一致するものを選ぶ問題です。選択肢を素早く読み判断する力が問われるので，普段の読解の学習にも力を入れましょう。

×①講義では，機械による肉体労働の代替は現在始まりつつあることではなく，産業革命時にすでに起こっていた問題であると述べられています。

×②講義では，現在の技術的変革により影響を受けるのは，肉体労働者だけでなく，頭脳労働者も同様であると述べられています。

×③講義では，失われる仕事の 3 分の 2 が事務職であると述べられていますが，オフィスで働く女性における失業の割合は述べられていません。

○④講義では，「熟練したホワイトカラー労働者または知的労働者もリスクが高い状態にある」と述べられていて，それを言い換えているこの選択肢が正解です。

問1

What kind of career are you thinking about now? Research predicts developments in artificial intelligence, robotics, genetics, and other technologies will have a major impact on jobs. By 2020, two million jobs will be gained in the so-called STEM fields, that is, science, technology, engineering, and mathematics. At the same time, seven million other jobs will be lost. ｝(a)

This kind of thing has happened before. Jobs were lost in the 19th century when mass production started with the Industrial Revolution. Machines replaced physical labor, but mental labor like sales jobs was generated. Today, many people doing physical labor are worried that robots will take over their roles and that they will lose their current ｝(b) jobs. This time, the development of AI may even eliminate some jobs requiring mental labor as well. } (b)

Actually, we know that robots are already taking away blue-collar factory jobs in the US. Moreover, because of AI, skilled white-collar workers, or intellectual workers, are also at "high risk." For example, } (c) bank clerks are losing their jobs because computer programs now enable automatic banking services. Even news writers are in danger of losing their jobs as AI advances enough to do routine tasks such as producing simple news reports.

As I mentioned earlier, seven million jobs will be lost by 2020. Two-thirds of those losses will be office jobs. Since most office jobs are done by women, they will be particularly affected by this change. What's more, fewer women are working in the STEM fields, so they will benefit less from the growth in those fields.

和訳

あなたは今どんな職業に就きたいと考えていますか？　研究では，人工知能，ロボット工学，遺伝学，およびその他の技術の発展が仕事に大きな影響を与えると予測しています。2020年までに，STEMと呼ばれる分野，つまり，科学，技術，工学，数学で200万の雇用が生まれるでしょう。同時に，700万の他の雇用が失われます。

このようなことは以前にも起こっています。産業革命で大量生産が始まった19世紀に雇用が失われました。機械は肉体労働に取って代わりましたが，販売の仕事のような頭脳労働が生み出されました。今日，肉体労働を行う多くの人々は，彼らの役割をロボットが引き継いで，彼らが現在の仕事を失うであろうことを心配しています。今回は，AI（人工知能）の発達により，頭脳労働を必要とする仕事でさえも同様に排除される可能性があります。

実際，ロボットはすでに米国でブルーカラーの工場の仕事を奪っていることを我々は知っています。さらに，AIが原因で，熟練したホワイトカラー労働者または知的労働者も「リスクが高い」状態にあります。例えば，コンピュータープログラムが自動バンキングサービスを可能にしているため，銀行員は職を失っています。AIが単純なニュースレポートの作成などの日常的な仕事を行うのに十分なほど進歩すると，新聞記者でさえ仕事を失う危険があります。

前述したように，2020年までに700万の雇用が失われます。これらの失職の3分の2は事務職です。事務職のほとんどは女性が行っているため，この変化によって特に影響を受けます。その上，STEM分野で働いている女性がほとんどいないため，それらの分野での発展から得る利益は少なくなります。

問 1 (a) ①200 万の雇用の増加 ②200 万の雇用の喪失 ③500 万の雇用の増加

④500 万の雇用の喪失 ⑤700 万の雇用の増加 ⑥700 万の雇用の喪失

(b) ①創造する ②取って代わる ③頭脳の ④肉体の

(c) ①機械はロボットの助けを借りて肉体労働に取って代わり始めている。

②主にブルーカラー労働者が今後の技術変化の影響を受ける。

③オフィスで働く女性の 3 分の 2 が職を失う。

④AI の発達によってホワイトカラー労働者は現在の職を失う可能性がある。

例題9 ※平成 30 年度試行調査・第 5 問より抜粋

問 2 例題8の講義の続きを聞き，下の図から読み取れる情報と講義全体の内容から，どのようなことが言えるか，最も適切なものを，四つの選択肢 (①~④) のうちから一つ選びなさい。

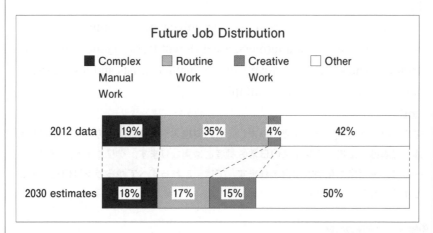

◀))Chapter3_09

① Complex manual work will be automated thanks to the technological revolution.

② Jobs in the STEM fields will not increase even though they require creative work.

③ Mental work will have the greatest decrease in percentage.

④ Not all physical work will be replaced by robots and AI.

問2 ④

講義に関連するグラフを読み解いて，適切な選択肢を選ぶ問題です。グラフの種類には，棒グラフ，円グラフ，折れ線グラフなどがありますが，それぞれのグラフの読み方にも慣れておきましょう。

× ① グラフから，Complex Manual Work（複雑な肉体労働）はほとんど減っていないことがわかります。

× ② 講義では，STEM 分野の仕事は，200 万も増加すると述べられています。

× ③ グラフの中の Routine Work（単純労働）には肉体労働と頭脳労働の区別はなく，この根拠となる数値や発言はありません。

○ ④ Not all ～（すべての～が…というわけではない）は部分否定の構文。グラフから，複雑な肉体労働はほとんど減っていないことがわかるので，これが正解となります。

問2

Let's take a look at the graph of future job changes. Complex manual workers, like cooks and farmers, are different from routine workers in factories and offices. Creative workers include artists and inventors. So, what can we learn from all this?

和訳

未来の職の変化のグラフを見てみましょう。料理人や農業従事者のような複雑な肉体労働者は，工場やオフィスの日常労働者とは異なります。クリエイティブワーカーには，芸術家や発明家が含まれます。では，これらすべてから我々は何を学ぶことができるでしょうか？

例題9の選択肢の和訳

問2　①技術革新によって複雑な肉体労働が自動化される。

②クリエイティブワークを必要としても STEM 分野の仕事は増えない。

③頭脳労働の割合が最も減少する。

④すべての肉体的作業がロボットと AI に置き換えられるわけではない。

▶攻略法

・細かい情報にとらわれすぎず，話者がそれぞれどのような立場をとっているかを大まかにでも把握することが重要。

・逆接のつなぎ言葉（but など）には特に注意。「一般論＋逆接のつなぎ言葉＋主張」の形で主張を打ち出すケースも多い。

・ディベートやディスカッションなどの活動に参加してみる。

例題 10 ※平成 30 年度試行調査・第 6 問より抜粋

二人の対話を聞き，それぞれの問いの答えとして最も適切なものを，四つの選択肢（①～④）のうちから一つずつ選びなさい。（問いの英文は書かれています。）1 回流します。

> 状況
>
> 　二人の大学生が，ゲーム（video games）について話しています。

◀)) Chapter3_10

問 1　**What is Fred's main point?**

① Video games do not improve upper body function.

② Video games do not represent the actual world.

③ Video games encourage a selfish lifestyle.

④ Video games help extend our imagination.

問 2　**What is Yuki's main point?**

① It's necessary to distinguish right from wrong in video games.

② It's wrong to use smartphones to play video games.

③ Players can develop cooperative skills through video games.

④ Players get to act out their animal nature in video games.

問1 ② **問2** ③

　議論に参加している人物が，賛成の立場なのか，反対の立場なのかを見抜く力が試されます。普段からそういった議論を聞くなどして，賛成を表す場合の表現や，反対を表す場合の表現になじんでおく必要があります。また，賛成や反対の根拠と，その中心的主張をとらえる訓練もしておきましょう。

　問1は，Fred は繰り返し「ゲームは現実世界を反映していない」と述べており，この主張は譲れないものだと考えられます。①・③・④は，特に Fred が強く主張している内容ではありません。

　問2は，Yuki はゲームの利点として「チームワークの養成」を繰り返し述べています。また，But（しかし）や But still（それでもなお）という表現の直後にこの主張をしていることからも，それが Yuki の中心的主張であると考えられます。①・②・④は，特に Yuki が強く主張している内容ではありません。

Fred: Are you playing those things again on your phone, Yuki?

Yuki: Yeah, what's wrong with playing video games, Fred?

Fred: Nothing. I know it's fun; it enhances hand-eye coordination. I get that.

Yuki: Oh, then you're saying it's too violent; promotes antisocial behavior — I've heard that before.

Fred: And, not only that, those games divide everything into good and evil. Like humans versus aliens or monsters. The real world is not so black and white.

Yuki: Yeah …. We are killing dragons. But we learn how to build up teamwork with other players online.

Fred: Building up teamwork is different in real life.

Yuki: Maybe. But still, we can learn a lot about how to work together.

Fred: Well, I'll join you when you have a game that'll help us finish our homework.

フレッド：またスマホでそういうことをしてるの，ユキ？

ユキ：ええ，ゲームをして何が悪いの，フレッド？

フレッド：何も。それはおもしろいし，手と目の連携を高めると知ってる。それは
わかってる。

ユキ：ああ，じゃああなたはそれが暴力的すぎると言っているんだ，反社会的振る
舞いを促進するって——以前に聞いたことがあるわ。

フレッド：それだけじゃなく，それらのゲームはすべてを善悪に分ける。人間対エ
イリアンやモンスターのように。現実の世界はそれほど白黒つけられないよ。

ユキ：ええ…。私たちはドラゴンを殺してる。でも，オンラインで他のプレイヤー
とチームワークを構築する方法を学んでいるわ。

フレッド：チームワークの構築は，現実の生活では異なるよ。

ユキ：たぶんね。でもそれでも，私たちは一緒に働く方法について多くを学ぶこと
ができるわ。

フレッド：ええと，宿題を終わらせるのを助けてくれるゲームを君が手に入れたら，
参加することにするよ。

例題 10 の問い・選択肢の和訳

問1　フレッドの発言の主旨は何か？

①ゲームは上半身の機能を改善しない。

②ゲームは現実の世界を表すものではない。

③ゲームは利己的な生き方を助長する。

④ゲームは私たちの想像力を広げるのに役立つ。

問2　ユキの発言の主旨は何か？

①ゲームでは善悪を見分ける必要がある。

②スマートフォンを使ってゲームをするのは間違っている。

③プレイヤーはゲームを通じて協調性を養うことができる。

④プレイヤーはゲームで動物的本能を使って演じるようになる。

・講演や討論会での発言者には明確な立場があるのが普通。肯定・否定・中立など，それぞれの立場を大まかにとらえる。
・具体例や細かい発言から，全体の判断に影響する先入観を持たないように気をつける。
・実際のシンポジウムの現場（動画）を見たりして研究する。

例題 11 ※平成 30 年度試行調査・第 6 問より抜粋

英語を聞き，それぞれの問いの答えとして最も適切なものを，選択肢のうちから選びなさい。**1 回流します。**

> 状況
> 　Professor Johnson がゲーム（video games）について講演した後，質疑応答の時間がとられています。司会（moderator）が聴衆からの質問を受け付けています。Bill と Karen が発言します。

◀)) Chapter3_11

問 1 四人のうち，ゲームに反対の立場で意見を述べている人を，四つの選択肢（①～④）のうちから<u>すべて</u>選びなさい。

　① Bill　② Karen　③ Moderator　④ Professor Johnson

問 2 Professor Johnson の意見を支持する図を，四つの選択肢（①～④）のうちから一つ選びなさい。

①

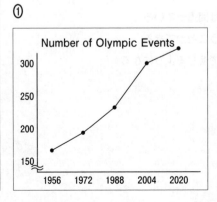

Number of Olympic Events

②

Top 5 Countries Selling Games

		Sales in Billions
1	China	$32.54
2	United States	$25.43
3	Japan	$14.05
4	Germany	$4.43
5	United Kingdom	$4.24

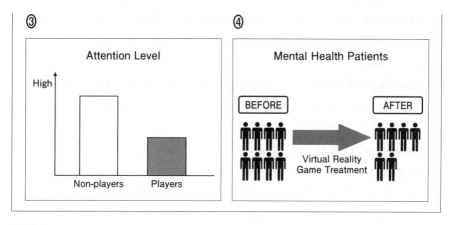

③ Attention Level

High

Non-players　　Players

④ Mental Health Patients

BEFORE　　　　　　　AFTER

Virtual Reality
Game Treatment

解答

問1 ①　**問2** ④

　会話や議論を聞いて，それぞれの話者の立場を判断し，意見を支持する図やグラフを選択する問題です。さまざまなグラフや数字の読み取りにも，普段からなじんでおくことが重要です。

　問1は，①Bill は，ゲームは味方と敵の区別をつけすぎで，暴力的な犯罪を助長すると主張しています。また，議論の中でも，I'm not convinced（納得がいかない）と述べていることから，反対の立場だとわかります。

　②Karen は，eSports についていろいろと述べているものの，ゲームに関して反対の発言は特にしていません。③Moderator も，議論の司会をしているだけで，ゲームについての自分自身の立場に関しては一切述べていません。

　④Professor Johnson は，ゲームが集中力を向上させることや，精神衛生によい影響を与えることについて述べており，Bill の意見に対しても反論していることから，ゲームに賛成の立場だとわかります。

　問2は，Professor Johnson の主張である「ゲームをすることによる集中力や注意力，精神衛生の向上」に合ったグラフを選びます。

×①オリンピックの競技数は，ゲームとの直接的関係はありません。

×②国別のゲームの販売数と Professor Johnson の主張に関連性はありません。

×③このグラフは，ゲームをすると集中力が下がることを示唆しているため，
　Professor Johnson の主張と逆行しています。

○④このグラフは，ゲームをすることによって精神的な健康を害している患者が
　減少することを示唆しているので，Professor Johnson の主張に合致します。

Moderator: Thank you for your presentation, Professor Johnson. You spoke about how one boy improved his focus and attention through video games.

Professor Johnson: Right. Playing video games can make people less distracted. Furthermore, virtual reality games have been known to have positive effects on mental health.

Moderator: OK. Now it's time to ask our audience for their comments. Anyone ...? Yes, you, sir.

Bill: Hi. I'm Bill. All my friends love video games. But I think they make too clear a distinction between allies and enemies ... you know, us versus them. I'm afraid gaming can contribute to violent crimes. Do you agree?

Professor Johnson: Actually, research suggests otherwise. Many studies have denied the direct link between gaming and violence.

Bill: They have? I'm not convinced.

Professor Johnson: Don't make video games responsible for everything. In fact, as I said, doctors are succeeding in treating patients with mental issues using virtual reality games.

Moderator: Anyone else? Yes, please.

Karen: Hello. Can you hear me? [tapping the microphone] OK. Good. I'm Karen from Detroit. So, how about eSports?

Moderator: What are eSports, Karen?

Karen: They're video game competitions. My cousin made a bunch of money playing eSports in Germany. They're often held in large stadiums ... with spectators and judges ... and big awards, like a real sport. In fact, the Olympics may include eSports as a new event.

Moderator: … eSports. Professor?

Professor Johnson: Uh-huh. There are even professional leagues, similar to Major League Baseball. Well, eSports businesses are growing; however, eSports players may suffer from health problems.

Moderator: I see. That's something to consider. But right now let's hear from [starts to fade out] another person.

司会：ジョンソン教授，プレゼンテーションをありがとうございます。あなたは1人の少年がゲームを通してどのように彼の集中力や注意力を高めたかについて話しました。

ジョンソン教授：そうです。ゲームをすることで，人々は気が散ることが少なくなります。さらに，バーチャルリアリティゲームは精神衛生によい影響を与えることが知られています。

司会：わかりました。それでは，聴衆の皆様にコメントをいただきましょう。どなたか…？ はい，あなた，どうぞ。

ビル：こんにちは，私はビルです。私の友人たちはみんなゲームが大好きです。しかし，私はそれらが味方と敵…つまり自分たちと相手の区別を明確にしすぎていると思います。ゲームをすることが凶悪犯罪の原因となる可能性があることを心配しています。同意されますか？

ジョンソン教授：実は，調査はそうではないことを示しています。多くの研究がゲームをすることと暴力との直接的なつながりを否定しています。

ビル：そうですか？ 私は納得できません。

ジョンソン教授：ゲームにすべての責任を負わせないでください。実際，私がお話ししたように，医師たちはバーチャルリアリティゲームを使用して精神的に問題のある患者を治療することに成功しています。

司会：他にどなたか？ はい，お願いします。

カレン：こんにちは。私の声が聞こえますか？［マイクを軽くたたきながら］はい。大丈夫です。私はデトロイト出身のカレンです。では，eスポーツはどうですか？

司会：カレン，eスポーツとは何ですか？

カレン：ゲームの競技会です。私のいとこはドイツでeスポーツをプレイしてたくさんのお金を稼ぎました。多くの場合，それらは大規模なスタジアムで開催されます…見物人や審査員がいて…実際のスポーツのように，大きな賞もあります。実際に，オリンピックにeスポーツが新しい種目として含まれるかもしれません。

司会：…eスポーツ。教授？

ジョンソン教授：うーん。メジャーリーグベースボールと同様に，プロのリーグさえあります。ええ，eスポーツのビジネスは成長しています。しかし，eスポーツのプレイヤーは健康上の問題を抱えている可能性があります。

司会：なるほど。それは考慮すべきことです。ですがとりあえず他の方から意見を聞いてみましょう［フェードアウトし始める］。

🔊 Chapter3_Ex01

第 1 問 （配点 24）

第 1 問は A と B の二つの部分に分かれています。

A 第 1 問 A は問 1 から問 4 までの 4 問です。それぞれの問いについて，聞こえてくる英文の内容に最も近い意味のものを，四つの選択肢 (①~④) のうちから一つずつ選びなさい。<u>2 回流します。</u>

問 1　① The speaker does not want to go out today.

　　　② The speaker does not want to read a book at home.

　　　③ The speaker wants to read a book in the park.

　　　④ The speaker wants to walk around in the park.

問 2　① The speaker does not like wearing the sweater.

　　　② The speaker intends to keep the sweater.

　　　③ The speaker is willing to give away the sweater.

　　　④ The speaker wants to know the size of the sweater.

問 3　① John does not have any friends in the town yet.

　　　② John has decided to live in the town.

　　　③ John has to say goodbye to his many friends.

　　　④ John misses his friends in his country.

問 4　① The speaker stayed home but Tom went out.

　　　② The speaker stayed home with Tom.

　　　③ The speaker told Tom to stay home and Tom agreed.

　　　④ The speaker went out with Tom.

| 問 1 | ①②③④ | 問 2 | ①②③④ | 問 3 | ①②③④ | 問 4 | ①②③④ |

B 　第1問Bは問1から問3までの3問です。それぞれの問いについて、聞こえてくる英文の内容に最も近い絵を、四つの選択肢（①〜④）のうちから一つずつ選びなさい。**2回流します。**

問1 ①

②

③

④

問2 ①

②

③

④

問3①

②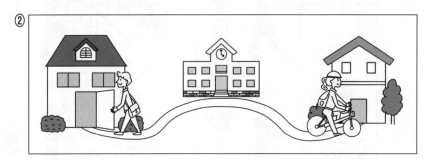

③

④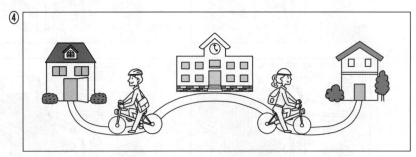

| 問1 | ①②③④ | 問2 | ①②③④ | 問3 | ①②③④ |

68

第2問 （配点 12）

第2問は問1から問4までの4問です。それぞれの問いについて，対話の場面が日本語で書かれています。対話とそれについての問いを聞き，その答えとして最も適切なものを，四つの選択肢（①～④）のうちから一つずつ選びなさい。**2回流します。**

問1　クラスメートのジョンについて話をしています。

問2　空港のカウンターで男性が預ける荷物について話をしています。

問3 日本の空港で海外からの旅行者が自分たちの乗る航空便について話をしています。

① DEPARTURES

FLIGHT NO.	DESTINATION	GATE	TIME	REMARKS
498	OSAKA	A02	11:00	BOARDING
849	FUKUOKA	C03	11:15	ON TIME
711	OKINAWA	F11	11:30	CANCELED
902	KAGOSHIMA	A18	11:45	DELAYED
536	SAPPORO	A10	11:50	ON TIME

② DEPARTURES

FLIGHT NO.	DESTINATION	GATE	TIME	REMARKS
498	OSAKA	A02	11:00	BOARDING
536	SAPPORO	A10	11:15	ON TIME
849	FUKUOKA	C03	11:20	ON TIME
711	OKINAWA	F11	11:30	CANCELED
902	KAGOSHIMA	A18	12:15	DELAYED

③ DEPARTURES

FLIGHT NO.	DESTINATION	GATE	TIME	REMARKS
498	OSAKA	A02	11:00	ON TIME
536	SAPPORO	A10	11:20	DELAYED
849	FUKUOKA	C03	11:15	ON TIME
711	OKINAWA	F11	11:30	CANCELED
902	KAGOSHIMA	A18	12:15	DELAYED

④ DEPARTURES

FLIGHT NO.	DESTINATION	GATE	TIME	REMARKS
536	SAPPORO	A10	11:20	CANCELED
902	KAGOSHIMA	A18	12:15	DELAYED
849	FUKUOKA	C03	11:15	ON TIME
711	OKINAWA	F11	11:30	CANCELED
498	OSAKA	A02	12:15	DELAYED

問4 キャンプ場でテントを張る場所について話をしています。

第3問 （配点 16）

第3問は**問1**から**問4**までの4問です。それぞれの問いについて，対話の場面が日本語で書かれています。対話を聞き，問いの答えとして最も適切なものを，四つの選択肢（①～④）のうちから一つずつ選びなさい。（問いの英文は書かれています。）**1回流します。**

問1 兄と妹が自転車について話をしています。

What will the man do today?

① Go cycling　　　　　② Repair his bicycle

③ Order a new bicycle　④ Stay at his friend's home

問2 男性が女性に話しかけています。

What is the relationship between the two people?

① A shop clerk and a customer　② A teacher and a student

③ New students at the same school　④ Students at different schools

問3 友達同士が校則について話をしています。

What does the girl think about the new school rules?

① Students should ask teachers about them.

② There will be no such rules soon.

③ They are a good thing.

④ They should be planned wisely.

問4 友達同士が卒業後のことについて話をしています。

Where will the woman live after graduation?

① She has not decided yet.

② She will live in apartment in a different town.

③ She will live in college dorm in a different town.

④ She will stay with her parents.

| 問1 | ①②③④ | 問2 | ①②③④ | 問3 | ①②③④ | 問4 | ①②③④ |

第4問 （配点 12）

第4問はAとBの二つの部分に分かれています。

A 第4問Aは**問1・問2**の2問です。話を聞き，それぞれの問いの答えとして最も適切なものを，選択肢のうちから選びなさい。**1回流します。**

問1 高校生が参加した農業体験プログラムについて話しています。話を聞き，その内容を表したイラスト（①〜④）を，聞こえてくる順番に並べなさい。

| 問1 | 1 | ①②③④ | 2 | ①②③④ | 3 | ①②③④ | 4 | ①②③④ |

問2 あなたはアルバイト先の日本語学校で授業料の価格表を作っています。授業料についての説明を聞き、下の表の四つの空欄 | 1 | ～ | 4 | にあてはめるのに最も適切なものを、五つの選択肢 (①～⑤) のうちから一つずつ選びなさい。**選択肢は2回以上使ってもかまいません。**

① ¥30,000　② ¥36,000　③ ¥54,000　④ ¥68,000　⑤ ¥72,000

Types of lessons	Number of lessons / Hour	Course A (10 lessons)	Course B (20 lessons)
Group (2,000 yen / hour)	1	¥20,000	
	2		¥80,000 →	1	
Private (4,000 yen / hour)	1	¥40,000	¥80,000 →	2	
	2	¥80,000 →	3		
Online (3,000 yen / hour)	1		4		
	2		

| 問2 | 1 | ①②③④⑤ | 2 | ①②③④⑤ | 3 | ①②③④⑤ | 4 | ①②③④⑤ |

第4問 B は**問1**の1問です。四人の説明を聞き，問いの答えとして最も適切なもの
を，選択肢のうちから選びなさい。メモを取るのに下の表を使ってもかまいません。
1回流します。

状況

　あなたの留学先の学校では生徒会長（student council president）の選挙が行
われていて，あなたにも投票する権利があります。誰を選ぶか決めるにあたって，
あなたが考えている候補者の条件は以下のとおりです。

条件

A. 学校の始業時間を遅らせるように努力する

B. 図書館の利用時間を延ばすように努力する

C. 交換留学制度をもっと充実させるように努力する

Candidate	A.　Start time	B.　Opening hours of the library	C.　Student exchange program
① Jake			
② Kate			
③ Peter			
④ Vicky			

問1　四人の候補者が述べる公約を聞き，上の条件に最も合う人物を，四つの選択肢（①
～④）のうちから一つ選びなさい。

① Jake　　② Kate　　③ Peter　　④ Vicky

問1	①②③④

第5問は問1(a)〜(c)と問2の2問です。講義を聞き，それぞれの問いの答えとして最も適切なものを，選択肢のうちから選びなさい。状況と問いを読む時間（約60秒）が与えられた後，音声が流れます。**1回流します。**

状況

あなたはアメリカの大学で，自動運転車（self-driving cars）の開発について，ワークシートにメモを取りながら，講義を聞いています。

ワークシート

○ **Benefits of self-driving cars**

- ・Decreases traffic jams
- ・Reduces harmful CO_2 emissions
- ・Makes it easy to park
- ・Decreases the number of deaths by traffic accidents:

    100 deaths ⇒ will decrease to 　1　

○ **Five levels of self-driving**

Automation levels	Status	Main operator
Level 1: Driver Assistance	on the market	driver
Level 2: Partial Automation	2	4
Level 3: Conditional Automation	3	5
Level 4: High Automation	still developing	6
Level 5: Complete Automation	still developing	7

問1 (a) ワークシートの空欄 [1] にあてはめるのに最も適切なものを，六つの選択肢(①〜⑥)のうちから一つ選びなさい。

① 0　② 10　③ 20　④ 50　⑤ 80　⑥ 90

問1 (b) ワークシートの表の空欄 [2] 〜 [7] にあてはめるのに最も適切なものを，五つの選択肢(①〜⑤)のうちから一つずつ選びなさい。**選択肢は2回以上使ってもかまいません。**

① on the market
② still developing
③ car
④ car and driver
⑤ driver

問1 (c) 講義の内容と一致するものはどれか。最も適切なものを，四つの選択肢(①〜④)のうちから一つ選びなさい。

① Drivers can allow cars at Level 3 to operate all the time.
② Only the cars at Level 5 can be called "real self-driving cars."
③ There is a big difference between self-driving cars at Level 2 and those at Level 3.
④ We can buy self-driving cars from Level 1 to Level 4, but not from Level 5.

問1	(a)	1	①②③④⑤⑥					
	(b)	2	①②③④⑤	3	①②③④⑤	4	①②③④⑤
		5	①②③④⑤	6	①②③④⑤	7	①②③④⑤
	(c)		①②③④					

問2 講義の続きを聞き，下の図から読み取れる情報と講義全体の内容から，どのようなことが言えるか，最も適切なものを，四つの選択肢(①〜④)のうちから一つ選びなさい。

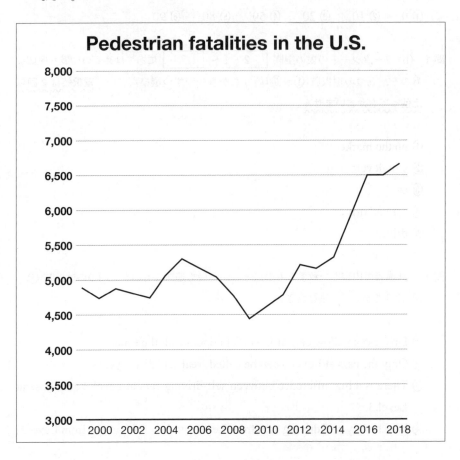

① Drivers should not use their smartphones while driving.
② Pedestrian fatalities will increase even after self-driving cars become common.
③ Self-driving cars will help decrease pedestrian fatalities, too.
④ The recent increase in pedestrian fatalities has been caused by car problems.

問2 ①②③④

第6問 （配点 16）

第6問は A と B の二つの部分に分かれています。

A　第6問 A は問1・問2の2問です。二人の対話を聞き，それぞれの問いの答えとして最も適切なものを，四つの選択肢（①〜④）のうちから一つずつ選びなさい。（問いの英文は書かれています。）**1回流します。**

> 状況
> 　大学生の Eric と Aya が，日本のアニメ（Japanese animation）について話しています。

問1　**What is Eric's main point?**

　① Anime is an important part of Japanese culture.

　② Everyone should learn Japanese by watching anime.

　③ For some people, watching anime is a good way to learn Japanese.

　④ We can learn a lot of Japanese colloquial expressions through anime.

問2　**What is Aya's main point?**

　① Foreign animations are more enjoyable than Japanese ones.

　② Foreign languages can be learned better at school than at home.

　③ You should not depend on anime to learn a language well.

　④ We can learn colloquial expressions without watching anime.

| 問1 | ①②③④ | 問2 | ①②③④ |

B 第6問Bは**問1・問2**の2問です。英語を聞き、それぞれの問いの答えとして最も適切なものを、選択肢のうちから選びなさい。**1回流します。**

> 状況
>
> アメリカの大学で Professor Smith がアニメ（anime）を使った日本語学習について授業をした後で、学生の間で議論する時間が取られています。Joey と Sarah と Alex が発言します。

問1 四人のうち、アニメが自分の日本語学習にはあまり役立たないとする立場の人を、四つの選択肢(①～④)のうちから一人選びなさい。

① Joey　　② Sarah　　③ Alex　　④ Professor Smith

問2 Sarah の意見を支持する資料を、四つの選択肢(①～④)のうちから一つ選びなさい。

①

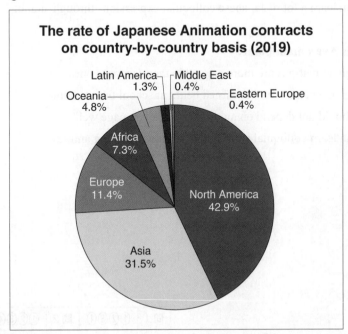

The rate of Japanese Animation contracts on country-by-country basis (2019)

Latin America 1.3%
Middle East 0.4%
Oceania 4.8%
Eastern Europe 0.4%
Africa 7.3%
Europe 11.4%
North America 42.9%
Asia 31.5%

②

List of English words of Japanese origin

- anime
- manga
- otaku
- cosplay

- bokeh
- emoji
- kawaii
- hikikomori

- karaoke
- bento
- umami

etc.

③

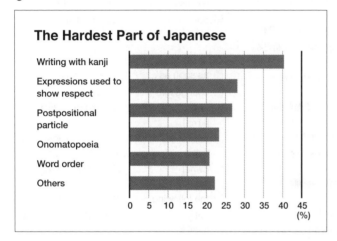

The Hardest Part of Japanese

Writing with kanji

Expressions used to show respect

Postpositional particle

Onomatopoeia

Word order

Others

0 5 10 15 20 25 30 35 40 45
(%)

④

Five Hardest Languages to Learn for English Speakers

1. Finnish
2. Arabic
3. Japanese
4. Chinese
5. Korean

| 問 1 | ①②③④ | 問 2 | ①②③④ |

語句

〈第 1 問〉

□ intend to do		～するつもりである
□ be willing to do		快く～する
□ give away ～		～を手放す
□ otherwise	[ʌðərwàiz]	(副) さもなければ, もしそうでなければ

〈第 2 問〉

□ take up ～		(趣味など) を始める
□ check	[tʃék]	(動) (所持品を) 預ける
□ carry-on baggage		機内持ち込み手荷物
□ exceed	[iksíːd]	(動) (限度) を超える
□ limit	[límit]	(名) 限界, 制限
□ delay	[diléi]	(動) ～を遅らせる
□ on time		時間どおりに
□ hut	[hʌt]	(名) (掘っ建て) 小屋
□ surround	[səráund]	(動) ～を囲む
□ build a fire		たき火をする
□ far away		(距離が) 遠くの, 遠方の
□ set up ～		～を立てる, 設置する

〈第 3 問〉

□ be supposed to do		～することになっている
□ something is wrong with ～		～が故障している
□ skip	[skíp]	(動) ～をとばす, 省く
□ booth	[búːθ]	(名) ブース, 模擬店
□ charity	[tʃǽrəti]	(名) 慈善 (行為), チャリティー
□ bazaar	[bəzάːr]	(名) バザー, 慈善市
□ relationship	[riléiʃənʃip]	(名) (人と人などの) 関係

〈第 4 問の前〉

□ ban	[bǽn]	(動) ～を禁止する
□ experiment	[ikspérəmənt]	(名) 実験
□ graduation	[grædʒuéiʃən]	(名) 卒業
□ It depends.		時と場合による。
□ commute	[kəmjúːt]	(動) 通学 [通勤] する
□ feel like ～ing		～したい気がする
□ dorm	[dɔ́ːm]	(名) 寮, 寄宿舎

〈第 4 問〉

□ as soon as ...		…するとすぐに
□ change into ～		～に変わる
□ crop	[krάp]	(名) 農作物, 収穫高
□ barn	[bάːrn]	(名) (農家の) 納屋, 牛小屋, 牛舎
□ owner	[óunər]	(名) 所有者, 持ち主
□ the following ～		次の～, 以下の～
□ unique	[juːníːk]	(形) 独特の, ユニークな
□ respectively	[rispéktivli]	(副) それぞれに
□ campaign	[kæmpéin]	(名) キャンペーン
□ completely	[kəmplíːtli]	(副) まったく, 完全に
□ current	[kə́ːrənt]	(形) 現在の, 今の
□ exchange	[ikstʃéindʒ]	(名) 交換
□ propose	[prəpóuz]	(動) ～を提案する
□ do away with ～		～を廃止する
□ elect	[ilékt]	(動) ～を～に選出する
□ student council president		生徒会長

☐ demand [dimǽnd]	(動) ～を要求する	☐ point out ～	～を指摘する
☐ candidate [kǽndidèit]	(名) 候補者	☐ efficient [ifíʃənt]	(形) 有能な，能率的な
☐ improvement [imprúːvmənt]	(名) 改善，改良	☐ eliminate [ilímənèit]	(動) ～を取り除く
☐ negotiate [nigóuʃièit]	(動) 交渉する	☐ and so on	～など
☐ expand [ikspǽnd]	(動) ～を発展させる	☐ above all	とりわけ，中でも
		☐ victim [víktim]	(名)（事故などの）犠牲者，被害者

〈第5問〉

		☐ be due to ～	～を原因とする，～によって起こる
☐ benefit [bénəfit]	(名) 利益，恩恵	☐ equip [ikwíp]	(動) ～を備えつける
☐ self-driving	自動運転	☐ various [véəriəs]	(形) さまざまな，多様な
☐ decrease [dìːkríːs]	(動) ～を減らす	☐ safety [séifti]	(名) 安全，無事
☐ traffic jam	交通渋滞	☐ passive [pǽsiv]	(形) 受動的な，受け身の
☐ reduce [ridʒúːs]	(動) ～を減らす	☐ function [fʌ́ŋkʃən]	(名) 機能 (動) 機能する，作動する
☐ emission [imíʃən]	(名) 排出，放出	☐ estimate [éstəmèit]	(動) 推定する，見積もる
☐ automation [ɔ̀ːtəméiʃən]	(名) 自動化，オートメーション	☐ human error	人災，人為的過失
☐ complete [kəmplíːt]	(形) 完全な	☐ development [divéləpmənt]	(名) 開発，進展
☐ status [stéitəs, stǽtəs]	(名) 状況，状態	☐ technological [tèknəládʒikəl]	(形) 科学技術の
☐ on the market	市場に [売りに] 出て	☐ operation [àpəréiʃən]	(名) 操作
☐ operator [ápərèitər]	(名) 運転者，操作員	☐ steering (wheel)	(車の) ハンドル
☐ assistance [əsístəns]	(名) 手伝い，援助	☐ brake [bréik]	(動) ブレーキをかける
☐ partial [páːrʃəl]	(形) 部分的な，一部の	☐ accelerate [æksélərèit]	(動) 加速する
☐ conditional [kəndíʃənəl]	(形) 条件付きの，暫定的な	☐ slow down	減速する
☐ manufacturer [mǽnjəfæktʃərər]	(名)（大規模な）製造業者，メーカー	☐ assist [əsíst]	(動)（～を）補助する
☐ commit [kəmít]	(動) ～に専心する	☐ basically [béisikəli]	(副) 基本的に
☐ vehicle [víːəkəl, víːhikəl]	(名) 車，乗り物	☐ acceleration [æksèləréiʃən]	(名) 加速，促進，加速度

☐ independently [ìndipéndəntli]	(副) 独立して，自主的に	☐ involve [inválv]	(動) 〜に関係する
☐ responsible [rispánsəbəl]	(形) 責任のある	☐ fatality [feitǽləti]	(名) (事故などによる) 死
☐ entire [entáiər]	(形) 全体の		

☐ independently
[ìndipéndəntli]
(副) 独立して，自主的に

☐ responsible
[rispánsəbəl]
(形) 責任のある

☐ entire
[entáiər]
(形) 全体の

☐ monitor
[mánətər]
(動) (〜を) 監視する

☐ surroundings
[səráundiŋz]
(名) 周囲

☐ critical
[krítikəl]
(形) 重要な

☐ take over
引き継ぐ，交代する

☐ advanced
[ædvǽnst]
(形) 進歩した，高度な

☐ require
[rikwáiər]
(動) 〜を必要とする

☐ involvement
[inválvmənt]
(名) 関与，関わり合い

☐ extreme
[ikstrí:m]
(形) 極端な

☐ throughout
[θru(:)áut]
(前) 〜の間ずっと

☐ currently
[kə́:rəntli]
(副) 現在，今のところ

☐ focus on 〜
〜に集中する，注力する

☐ not to mention 〜
〜は言うまでもなく

☐ increase
[inkrí:s] [ínkri:s]
(動) 高める
(名) 増加，増大

☐ pedestrian
[pədéstriən]
(名) 歩行者

☐ rise
[ráiz]
(動) 上昇する

☐ sharply
[ʃá:rpli]
(副) 急に，急激に

☐ exact
[igzǽkt]
(形) 正確な

☐ blame
[bléim]
(動) 〜の責任にする

☐ tend to do
〜しがちである

☐ result in 〜
〜という結果になる

☐ factor
[fǽktər]
(名) 要因

☐ involve
[inválv]
(動) 〜に関係する

☐ fatality
[feitǽləti]
(名) (事故などによる) 死

〈第6問〉

☐ fluent
[flú:ənt]
(形) 流ちょうな

☐ effective
[iféktiv]
(形) 有効な，効果的な

☐ standard
[stǽndərd]
(形) 標準的な

☐ attend
[əténd]
(動) 〜に出席する

☐ pace
[péis]
(名) ペース，速度

☐ subtitle
[sʌ́btàitəl]
(名) (映画の) 説明字幕

☐ phrase
[fréiz]
(名) フレーズ，言い回し

☐ colloquial
[kəlóukwiəl]
(形) くだけた，口語の

☐ enjoyable
[endʒɔ́iəbəl]
(形) 楽しい，愉快な

☐ educator
[édʒukèitər]
(名) 教育者

☐ motivation
[mòutəvéiʃən]
(名) やる気，動機 (づけ)

☐ deepen
[dí:pən]
(動) 〜を深める

☐ cultural
[kʌ́ltʃərəl]
(形) 文化的な

☐ comment
[káment]
(名) 意見，コメント

☐ To tell you the truth
実を言うと

☐ improper
[imprápər]
(形) 不適切な，下品な

☐ slang
[slǽŋ]
(名) スラング，俗語

☐ casual
[kǽʒuəl]
(形) くだけた

☐ formal
[fɔ́:rməl]
(形) あらたまった，正式の

☐ encouraging [enkə́:ridʒiŋ]	(形) 励みになる	
☐ character [kǽrəktər]	(名) 文字	
☐ ease [í:z]	(動) ～をやわらげる	
☐ pain [péin]	(名) 苦労	
☐ pause [pɔ́:z]	(動) ～を一時停止する	
☐ write down ～	～を書き留める	
☐ worth [wə́:rθ]	(形) ～の価値がある	
☐ mother tongue	母語	
☐ dub [dʌ́b]	(動) (外国映画のせりふなど) を吹き替える	

🔊 Chapter3_Ex02

第 1 問　（配点 24）

第 1 問は A と B の二つの部分に分かれています。

A　第 1 問 A は問 1 から問 4 までの 4 問です。それぞれの問いについて，聞こえてくる英文の内容に最も近い意味のものを，四つの選択肢 (①～④) のうちから一つずつ選びなさい。**2 回流します。**

問 1　① The speaker does not need anything.

　　　② The speaker has enough milk for the weekend.

　　　③ The speaker needs to get some eggs and vegetables.

　　　④ The speaker needs to get some milk.

問 2　① The speaker does not know if the advice was any good.

　　　② The speaker is afraid that the advice was useless.

　　　③ The speaker thinks that the advice was very helpful.

　　　④ The speaker wants to know how to do well in an interview.

問 3　① Yoko couldn't read the book without a dictionary.

　　　② Yoko did not need a dictionary to read the book.

　　　③ Yoko used a dictionary to read the book.

　　　④ Yoko was able to write English with ease.

問 4　① The speaker will not go to the concert.

　　　② The speaker has to attend the concert.

　　　③ The speaker needs to make something for the concert.

　　　④ The speaker is looking for information about the concert.

| 問 1 | ①②③④ | 問 2 | ①②③④ | 問 3 | ①②③④ | 問 4 | ①②③④ |

B 第1問Bは問1から問3までの3問です。それぞれの問いについて，聞こえてくる英文の内容に最も近い絵を，四つの選択肢（①～④）のうちから一つずつ選びなさい。**2回流します。**

問1 ①②③④   問2 ①②③④   問3 ①②③④

88

第2問 （配点 12）

第2問は問1から問4までの4問です。それぞれの問いについて，対話の場面が日本語で書かれています。対話とそれについての問いを聞き，その答えとして最も適切なものを，四つの選択肢（①〜④）のうちから一つずつ選びなさい。**2回流します。**

問1　スポーツ用品店で女性が店員と話をしています。

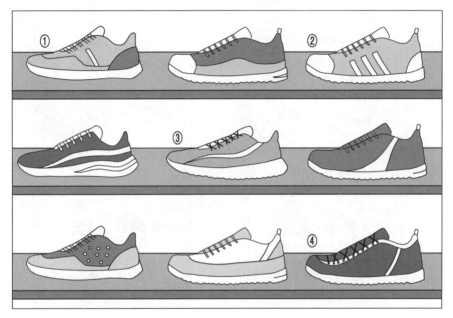

問2　食堂で給仕係と客が注文の品について話をしています。

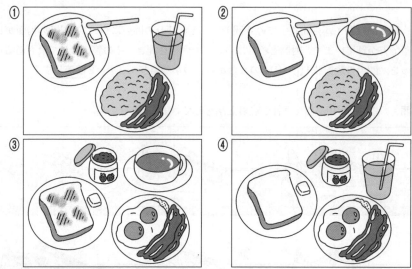

問3　旅行中に撮影した写真について話をしています。

問 4 授業に遅刻した理由について話をしています。

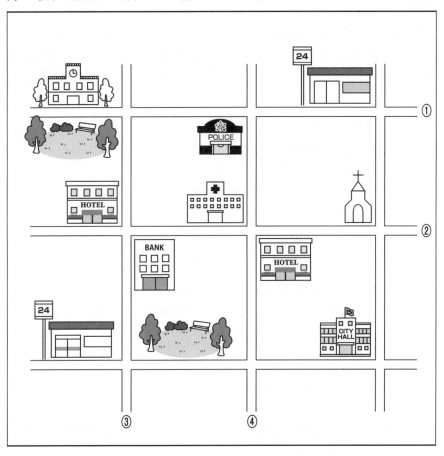

第3問 （配点 16）

第3問は**問1**から**問4**までの4問です。それぞれの問いについて，対話の場面が日本語で書かれています。対話を聞き，問いの答えとして最も適切なものを，四つの選択肢（①～④）のうちから一つずつ選びなさい。（問いの英文は書かれています。）**1回流します。**

問1 女性が駅前で通行人に話しかけています。

What does the man suggest the woman do?

① Check the address of the hotel.

② Go to the other side and walk to the hotel.

③ Go to the south exit of the station.

④ Take a bus or taxi to the hotel.

問2 映画を見終えた男女が話しています。

What did the woman think about the movie?

① It was a pleasant surprise.　　② It was not the kind of movie she likes.

③ It was not exciting enough.　　④ It was too violent.

問3 夫婦が料理について話をしています。

What does the couple agree about?

① Frozen foods are cheap and convenient.

② Frozen foods taste better than foods made with fresh ingredients.

③ Some frozen foods taste good.

④ They should use frozen foods more often.

問4 男性が帰国する留学生に話しかけています。

What does the man ask the woman to do?

① Come back as soon as possible.

② Communicate with him once in a while.

③ Stay in the same place.

④ Tell him her email address.

| 問1 | ①②③④ | 問2 | ①②③④ | 問3 | ①②③④ | 問4 | ①②③④ |

第4問 （配点 12）

第4問は A と B の二つの部分に分かれています。

A 第4問 A は問1・問2の 2 問です。話を聞き，それぞれの問いの答えとして最も適切なものを，選択肢のうちから選びなさい。**1回流します。**

問1 男性が電車に乗ったときの様子について話しています。話を聞き，その内容を表したイラスト（①〜④）を，聞こえてくる順番に並べなさい。

```
1  →  2  →  3  →  4
```

問1	1	①②③④	2	①②③④	3	①②③④	4	①②③④

問2　あなたは留学先で，地域内の高校が参加するサッカー大会の運営を手伝っています。トーナメントの組み合わせ方法についての説明を聞き，下の表の四つの空欄 1 〜 4 にあてはめるのに最も適切なものを，四つの選択肢 (①〜④) のうちから一つずつ選びなさい。

① [A]　　② [D]　　③ [E]　　④ [H]

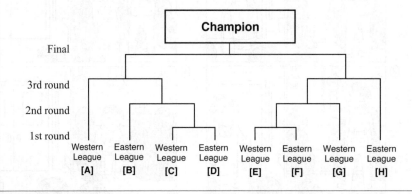

Western League					Eastern League				
Team	Win	Loss	Total score	Slot	Team	Win	Loss	Total score	Slot
1 Bulldogs	5	0	18	1	1 Slayers	4	1	11	3
2 Racers	4	1	11	[G]	2 Bandits	3	2	9	[B]
3 Stallions	3	2	8	2	3 Cyclones	3	2	8	4
4 Matrix	3	2	7	[C]	4 Spiders	2	3	8	[F]
5 Titans	0	5	4	-	5 Jets	2	3	6	-
6 Nomads	0	5	2	-	6 Dynamite	1	4	3	-

問2	1	①②③④	2	①②③④	3	①②③④	4	①②③④

94

B 　第4問 B は問1の1問です。四人の説明を聞き，問いの答えとして最も適切なものを，選択肢のうちから選びなさい。メモを取るのに下の表を使ってもかまいません。
1回流します。

状況

　あなたはスポーツジム（gym）に入会することを検討しています。すでに会員になっている四人から詳しい情報をもらい，以下の条件に合うところに申し込むことにしました。

条件

A. 1回に3時間以上利用できること。

B. 無料でヨガレッスンが受けられるところ。

C. シャワールームが新しくて清潔なこと。

	A. Time limit	B. Free yoga lessons	C. New and clean shower rooms
① Anytime Workout			
② Midtown Fitness			
③ Silver Gym			
④ UA Fitness			

問1　上の条件に最も合うスポーツジムを，四つの選択肢（①〜④）のうちから一つ選びなさい。

① Anytime Workout 　　② Midtown Fitness

③ Silver Gym 　　④ UA Fitness

第5問は問1(a) 〜 (c) と問2の2問です。講義を聞き，それぞれの問いの答えとして最も適切なものを，選択肢のうちから選びなさい。状況と問いを読む時間（約60秒）が与えられた後，音声が流れます。**1回流します。**

状況

　あなたはアメリカの大学で，技術の進歩とプライバシーの侵害の関係について，ワークシートにメモを取りながら，講義を聞いています。

ワークシート

○ **Connection between technology and privacy**

　・Advances in technology ⇒ | 1 | concerns over our privacy

　　　　　　　　　　　⇒ | 2 | control over our personal information

○ **A short history of privacy violation**

Period / Year	Media of communication / Technology	Type of privacy violation
Before telecommunication	letters	5
In 1876	3	6
The late 19th century	4	trespassing, peeping or stalking
After the Second World War	computer	collecting and storing personal data
Since the turn of the 21st century	the Internet	7

問 1 (a) ワークシートの空欄 | 1 | と | 2 | にあてはめるのに最も適切なもの
を，六つの選択肢(①〜⑥)のうちから一つ選びなさい。

① constant

② less

③ more

④ no

⑤ total

⑥ unexpected

問 1 (b) ワークシートの表の空欄 | 3 | 〜 | 7 | にあてはめるのに最も適切な
ものを，五つの選択肢(①〜⑤)のうちから一つずつ選びなさい。

① criminal hacking

② newspaper

③ tapping

④ peeking

⑤ telephone

問 1 (c) 講義の内容と一致するものはどれか。最も適切なものを，四つの選択肢(①〜
④)のうちから一つ選びなさい。

① As technology develops, it becomes easier to protect our privacy.

② People always violate other people's privacy for economic gain.

③ The idea of privacy is relatively new, beginning in the 20th century.

④ We may be violating others' privacy without intending to do so.

問 1	(a)	1	①②③④⑤⑥	2	①②③④⑤⑥		
	(b)	3	①②③④⑤	4	①②③④⑤	5	①②③④⑤
		6	①②③④⑤	7	①②③④⑤		
	(c)	①②③④					

問2 講義の続きを聞き，下の図から読み取れる情報と講義全体の内容から，どのようなことが言えるか，最も適切なものを，四つの選択肢(①～④)のうちから一つ選びなさい。

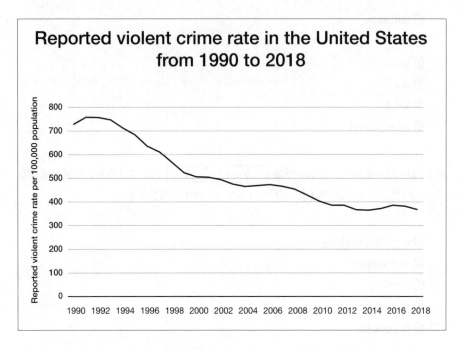

① We can limit the use of technology in order to decrease crimes.

② We cannot prevent technologies from violating our privacy in modern times.

③ We may justify some limitations of privacy for the public good.

④ We should protect our privacy no matter the cost.

| 問2 | ①②③④ |

第6問 （配点 16）

第6問はAとBの二つの部分に分かれています。

A 　第6問Aは問1・問2の2問です。二人の対話を聞き，それぞれの問いの答えとして最も適切なものを，四つの選択肢（①〜④）のうちから一つずつ選びなさい。（問いの英文は書かれています。）**1回流します。**

状況

　二人の大学生が，オリンピックの競技種目（Olympic sports）について話しています。

問1　What is Hiroshi's main point?

① Bowling is a sport exciting enough to be an Olympic sport.

② Bowling should receive much more attention than it gets right now.

③ Bowling is basically a mental sport rather than a physical one.

④ Bowling will not get enough viewers to be a profitable sport.

問2　What is Emily's main point?

① Bowling is a exciting sport played by a lot of people worldwide.

② Hiroshi can be in the next Olympics as a bowler.

③ The number of TV viewers does not matter to qualify as an Olympic sport.

④ TV stations should broadcast bowling games more often.

問1	①②③④	問2	①②③④

第6問 B は**問1・問2**の2問です。英語を聞き，それぞれの問いの答えとして最も適切なものを，選択肢のうちから選びなさい。**1回流します。**

状況

Professor Evans が現在のオリンピック（the Olympic Games）が抱える問題について授業をしているときに，学生の間で議論する時間が取られています。Bill と Mary と Sophie が発言します。

問1 四人のうち，オリンピックの開催地を限定する立場で意見を述べている人を，四つの選択肢(①〜④)のうちから**すべて選びなさい**。

① Bill　　② Mary　　③ Professor Evans　　④ Sophie

問2 Sophie の意見を支持する図を，四つの選択肢(①〜④)のうちから一つ選びなさい。

①

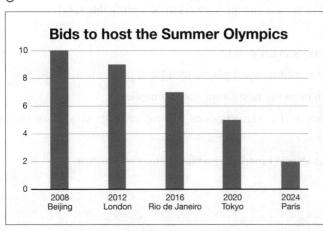

②

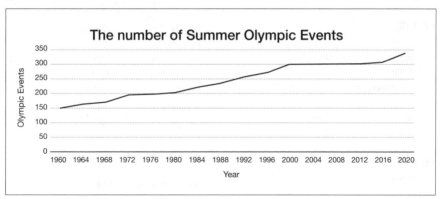

The number of Summer Olympic Events

③

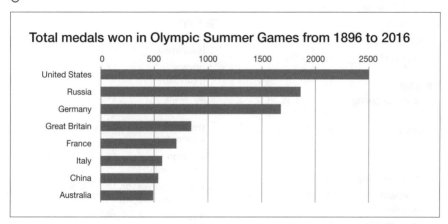

Total medals won in Olympic Summer Games from 1896 to 2016

④

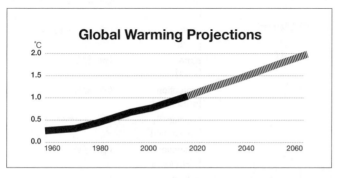

Global Warming Projections

問1 ①②③④ 問2 ①②③④

〈第1問〉

☐ do well　うまくいく，成功する

☐ useless　(形) 役に立たない
[júːsləs]

☐ look forward to　～するのを楽しみに待つ
～ing

☐ come up　(問題などが) 生じる

☐ make it　成功する，都合がつく

〈第2問〉

☐ on sale　特売で

☐ tax　(名) 税，税金
[tǽks]

☐ sunny-side up　目玉焼きの

☐ instead of ～　～の代わりに

☐ give ... a ride　…を車に乗せて送る

☐ go around ～　～を回って行く

〈第3問〉

☐ I was wondering　よろしければ…していた
if ...　だけますか

☐ honest　(形) 率直な，正直な
[ánəst]

☐ full of ～　～満載で，いっぱいで

☐ on the contrary　それどころか

☐ ingredient　(名) (料理の) 材料
[ingríːdiənt]

☐ wait a minute　ちょっと待って

☐ hospitality　(名) 親切にもてなすこと
[hàspətǽləti]

☐ keep in touch with　～と連絡を取り合う
～

☐ as soon as　できるだけ早く
possible

☐ once in a while　たまに (は)

〈第4問〉

☐ vacant　(形) 空いている
[véikənt]

☐ hang on ...　…にしがみつく

☐ strap　(名) (乗り物などの) つ
[strǽp]　り革

☐ region　(名) 地域，地方
[ríːdʒən]

☐ tournament　(名) トーナメント，勝ち
[túərnəmənt]　抜き試合

☐ in turn　今度は

☐ a variety of ...　さまざまな…

☐ usage　(名) 利用，使用
[júːsidʒ]

☐ spacious　(形) 広々とした
[spéiʃəs]

☐ free of charge　料金無料

☐ renovate　(動) ～を改装する，修復
する

〈第5問〉

☐ connection　(名) 関係，関連
[kənékʃən]

☐ privacy　(名) プライバシー
[práivəsi]

☐ advance　(名) 進歩
[ədvǽns]

☐ personal　個人情報
information

☐ violation　(名) (権利の) 侵害
[vàiəléiʃən]

☐ telecommunication　(名) 遠距離通信 (術)
[tèləkəmjùːnikéiʃən]

☐ trespass　(動) 不法侵入する
[tréspæs]

☐ peep　(動) のぞき見する
[píːp]

☐ stalk　(動) そっと追跡する
[stɔ́ːk]

☐ store　(動) 保存する
[stɔ́ːr]

☐ protection　(名) 保護
[prətékʃən]

☐ specifically　(副) とりわけ，特に
[spəsífikəli]

☐ distinction　(名) 区別
[distíŋkʃən]

☐ individual　(名) 一個人
[ìndəvídʒuəl]

☐ look back on 〜	〜を振り返る，回顧する	☐ decade [dékeid]	(名) 10 年間
☐ peek [píːk]	(動) そっとのぞく	☐ criminal [krímɪnəl]	(形) 犯罪的な
☐ era [íːrə] [ɔ́ːrə]	(名) 時代，代	☐ hack [hǽk]	(動)（コンピューターシステムなどに）侵入する
☐ journalism [dʒɔ́ːrnəlizəm]	(名) ジャーナリズム，報道	☐ widespread [wáidspréd]	(形) 広がった
☐ violate [váiəlèit]	(動) 〜を侵す，侵害する	☐ upload [ʌ́plòud]	(動) 〜をアップロードする
☐ tactic [tǽktik]	(名) 戦術	☐ identity [aidéntəti]	(名) 身元
☐ curiosity [kjùəriásəti]	(名) 好奇心	☐ openly [óupənli]	(副) 公然と
☐ publication [pʌ̀blikéiʃən]	(名) 出版物，刊行物	☐ wrongly [rɔ́(ː)ŋli]	(副) 誤って，間違って
☐ digital [dídʒitəl]	(形) デジタル方式の	☐ commercial [kəmə́ːrʃəl]	(形) 商用の
☐ telescopic [tèləskápik]	(形) 望遠鏡の	☐ constant [kánstənt]	(形) 不変の，一定の
☐ lense [lénz]	(名) レンズ	☐ unexpected [ʌ̀nikspéktid]	(形) 予期しない
☐ invasion [invéiʒən]	(名) 侵害	☐ protect [prətékt]	(動)（〜を）保護する
☐ heighten [háitn]	(動) 高まる，増す	☐ economic [èkənámik]	(形) 経済（上）の
☐ medical history	病歴	☐ gain [géin]	(名) 利益
☐ financial situation	経済状況	☐ relatively [rélətivli]	(副) 比較的（に）
☐ digitally [dídʒitli]	(副) デジタル的に	☐ acceptance [ækséptəns]	(名) 受理，受諾，容認
☐ modify [mádəfài]	(動) 〜を（部分的に）変更する，修正する	☐ security [sikjúərəti]	(名) 防犯，警備
☐ delete [dilíːt]	(動)（〜を）削除する	☐ in general	一般の，大概の
☐ turn of 〜	〜の変わり目	☐ decline [dikláin]	(名) 減少，低下
☐ witness [wítnəs]	(動)（〜を）目撃する，見る	☐ experience [ikspíəriəns]	(動) 〜を経験する
☐ trend [trénd]	(名) 動向，傾向	☐ desire [dizáiər]	(名) 欲望，欲求
☐ regarding [rigáːrdiŋ]	(前) …に関して（は）	☐ advancement [ədvǽnsmənt]	(名) 進展，進歩
☐ enhance [enhǽns]	(動) 〜を増大させる		

☐ in order to ...	…するために	☐ global warming	地球温暖化
☐ justify [dʒʎstəfài]	（動）〜を正当化する	☐ spectator [spékteitər]	（名）（スポーツ・ショー などの）観客
☐ limitation [lìmitéiʃən]	（名）制限，制約		

〈第6問〉

☐ score [skɔ́ːr]	（動）得点する，とる
☐ viewer [vjúːər]	（名）（テレビ）視聴者
☐ be eager to do	〜したい
☐ reaction [ri(ː)ǽkʃən]	（名）反応，態度
☐ mental [méntəl]	（形）精神の[的]，心の
☐ calm [káːm]	（形）冷静な，落ち着いた
☐ profitable [práfətəbəl]	（形）利益を上げる
☐ qualify [kwáləfài]	（動）資格を得る
☐ broadcast [brɔ́ːdkæst]	（動）（〜を）放送する
☐ enormous [inɔ́ːrməs]	（形）莫大な
☐ cope with 〜	〜に対処する
☐ developing country	開発途上国，発展途上国， 途上国
☐ proposal [prəpóuzəl]	（名）提案
☐ unrealistic [ʌnrìːəlístik]	（形）非現実的な
☐ facility [fəsíləti]	（名）施設，設備
☐ environmentally [envàiərənméntəli]	（副）環境的に，環境上
☐ southern [sʎðərn]	（形）南の
☐ hemisphere [hémisfìər]	（名）（地球・天球の）半 球
☐ severe [sivíər]	（形）厳しい，過酷な
☐ northern [nɔ́ːrðərn]	（形）北の

解答と解説

不正解だった問題は，もう一度音声を聞き直して，どこが聞き取れていなかったのかを確認しましょう。聞き取れるようになるまで繰り返し復習することでリスニングの力を確実にのばすことができます。

演習1　解答と解説

⇒ p.24 ~ 27

第1部

解答

No.1 ② ***No.2*** ② ***No.3*** ① ***No.4*** ② ***No.5*** ③ ***No.6*** ① ***No.7*** ① ***No.8*** ② ***No.9*** ① ***No.10*** ②

解説

No.1 グレッグの所在について尋ねている最後の文に対応するものを選ぶ。1は「私」の予定を答えているので×。3は決定したかどうかを答えているので×。

スクリプト	和訳
M: Have you heard from Greg recently?	男：最近，グレッグから連絡がありましたか？
W: Yes, I got an email from him yesterday.	女：はい，昨日，彼からメールがありました。
M: Is he still in China?	男：彼はまだ中国にいるのですか？
W: 1 No, I'll probably go tomorrow.	女1 いいえ，おそらく私は明日行きます。
W: 2 Yes, he'll be there until August.	女2 はい，彼は8月までそこにいるでしょう。
W: 3 Well, he hasn't decided yet.	女3 ええっと，彼はまだ決めていません。

No.2 ジェイソンの大学合格が決まったという発言に対する適切な応答を選ぶ。1は，入学試験はすでに終わっているので×。3は，すでに合格したのに「来年また挑戦する」というのは矛盾するので×。

スクリプト	和訳
M: Jason was just accepted to college!	男：ジェイソンが大学に合格しました！
W: That's great! Where is he going to go?	女：それはすばらしい！　彼はどこへ行くのですか？
M: He got into Dearborn University.	男：ディアボーン大学に入りました。
W: 1 The test is tomorrow.	女1 テストは明日です。
W: 2 He must have studied hard.	女2 彼は一生懸命勉強したに違いない。
W: 3 Maybe he'll try again next year.	女3 おそらく彼は来年また挑戦するでしょう。

No.3 ジャケットの好みを尋ねている質問に対する適切な応答を選ぶ。2の「デパートを見る」では会話がかみ合わない。3「ジッパーの破損」はジャケットの好みとは無関係。

スクリプト	和訳
W: Can I help you, sir?	女：お客様，お手伝いしましょうか？
M: I'm looking for a jacket.	男：私はジャケットを探しています。
W: What kind do you want?	女：どんな種類のものをご希望ですか？
M: 1 I'd like a warm one for winter.	男1 私は冬用の暖かいものが欲しいです。

M: 2 I'll look in a department store.　　男２私はデパートを見るつもりです。
M: 3 The zipper is probably broken.　　男３おそらくジッパーが破損しています。

No.4 When（いつ）という質問に対する適切な応答を選ぶ。1は，それら（本）が歴史に関するものであるという「内容」を答えているので×。3は，スーパーマーケットのそばにあるという「場所」を答えているので×。

スクリプト	和訳
W: What are you doing?	女：あなたは何をしていますか？
M: I'm ordering books from an online shop.	男：私はオンラインショップから本を注文しています。
W: When will they be delivered?	女：それらはいつ届けられますか？
M: 1 They're about history.	男１それらは歴史に関するものです。
M: 2 It says tomorrow night.	男２明日の夜と（書いて）あります。
M: 3 It's beside the supermarket.	男３それはスーパーマーケットのそばです。

No.5 Would you like ～?（～はいかがですか）に対する返答を選ぶ。1は，行ったことがある回数を答えているので×。2は，閉園する曜日・時間を答えているので×。

スクリプト	和訳
M: Do you have any plans for this weekend, Carol?	男：キャロル，あなたは今週末に何か予定がありますか？
W: I'm taking my kids to Adventure Land.	女：私は自分の子供たちをアドベンチャーランドに連れて行くつもりです。
M: Would you like a discount coupon? I have a lot of them.	男：割引クーポンはいかがですか？　私はたくさん持っています。
W: 1 We've been there three times.	女１私たちは3回そこへ行ったことがあります。
W: 2 It's closed Sunday afternoons.	女２そこは日曜の午後は休みです。
W: 3 That would be great.	女３それはすばらしいわ。

No.6 姉（妹）を連れてきてもよいという提案に対する応答として適切なものを選ぶ。2は，ここでの会話と無関係な兄（弟）の話題を出しているので×。3は，飛行機でどこかへ行くという話ではないので×。

スクリプト	和訳
M: Would you like to see a movie with me?	男：私と一緒に映画を見ませんか？
W: I can't. My sister is visiting from Norway.	女：できません。姉(妹)がノルウェーから訪問中です。
M: You could bring her along.	男：彼女を連れていくことができます。
W: 1 OK, I'll ask her.	女１わかりました，彼女に尋ねてみます。

W: 2 I have a brother, too.	女2 私は兄（弟）もいます。
W: 3 My plane leaves in two hours.	女3 飛行機は2時間で出発します。

No.7 撮影した写真に対するよい評価への適切な返答を選ぶ。2 のカメラの購入（時期）は撮影の技術の評価とは無関係。カメラの質や値段に関する話題ではないので3も×。

スクリプト

	和訳
M: That's a nice photo. Who took it?	男：いい写真ですね。誰が撮ったのですか？
W: I did. I'm studying photography at school.	女：私が撮りました。私は学校で写真について学んでいます。
M: It looks so professional.	男：プロのように見えます。
W: 1 My teacher has really helped me improve.	女1 私の先生は私が上達するように本当に助けてくれています。
W: 2 I bought it while I was on vacation.	女2 私は休暇中にそれを購入しました。
W: 3 Your camera must be expensive.	女3 あなたのカメラは高価に違いありません。

No.8「近所の人ともう会ったか」という質問に対する適切な応答を選ぶ。1 の荷造りに関しては質問の内容とは無関係。また，家の場所を聞かれたわけではないので3も×。

スクリプト

	和訳
W: How do you like your new house?	女：あなたの新しい家はいかがですか？
M: It's nice, but the garden needs some work.	男：すばらしいですが，庭は作業が必要です。
W: Have you met your neighbors yet?	女：もう近所の方たちに会いましたか？
M: 1 Well, we just started packing.	男1 ええと，私たちは梱包を始めたばかりです。
M: 2 Yes, they're very friendly.	男2 はい，彼らはとてもフレンドリーです。
M: 3 Actually, it's a bit far from work.	男3 実は，職場から少し遠いです。

No.9 バスに乗り遅れて移動中であるジョージに対して適切に返答する。2 は，会話がかみ合わない。3 は，試合はまだ始まっていないので「負けた」というのは矛盾する。

スクリプト

	和訳
M: Hello?	男：もしもし？
W: George, where are you? The game starts in five minutes.	女：ジョージ，どこにいるのですか？　試合が5分後に始まりますよ。
M: I missed the bus, but I'm on my way.	男：バスに乗り遅れましたが，いま向かっています。
W: 1 OK, please hurry.	女1 わかりました，急いでください。
W: 2 It goes to Maple Street.	女2 それはメイプルストリートに行きます。
W: 3 We lost again.	女3 私たちはまた負けました。

No.10 掃除機を使ったのかという問いに対する適切な返答を選ぶ。1 の服が準備でき
ることや，3 のペットの面倒を見るのが好きなことと，掃除機の使用とは無関係。

スクリプト	和訳
M: I haven't seen the cat in a while.	男：私はしばらくその猫を見ていません。
W: Oh, she's hiding in the basement.	女：ああ，彼女は地下に隠れていますよ。
M: Were you using the vacuum cleaner again?	男：あなたはまた掃除機を使っていたのですか？
W: 1 Yes, my clothes will be ready this evening.	女 1 はい，私の服は今晩準備できるでしょう。
W: 2 Yes, she still hasn't gotten used to it.	女 2 はい，彼女はまだそれに慣れていないのです。
W: 3 Yes, I like taking care of pets.	女 3 はい，私はペットの世話をすることが好きです。

第 2 部

解答

No.11 ①　***No.12*** ③　***No.13*** ①　***No.14*** ①　***No.15*** ②　***No.16*** ③　***No.17*** ①　***No.18*** ④
No.19 ④　***No.20*** ③

解説

No.11 チケットが必要で絵を見られる場所は，選択肢の中では 1 の美術館しかない。

スクリプト

W: Excuse me, sir. You can't see these paintings without a ticket.

M: Oh no! I must have left it in my car. What's the quickest way to the parking lot?

W: Go down this hall and past the cafeteria. There's an exit on the left.

M: OK, thank you.

Question: Where is this conversation probably taking place?

対話・質問・選択肢の和訳

女：すみません，お客様。チケットなしでこれらの絵を見ることはできません。

男：ああ！　私は車の中にそれを置き忘れてしまったに違いありません。駐車場まで最も早く
行ける方法はどのようなものですか？

女：このホールを下って，カフェテリアを通り過ぎてください。左手に出口があります。

男：わかりました，ありがとう。

問：この会話はおそらくどこで行われているか？

1 美術館で。　　　2 レストランで。　　　3 駐車場で。　　　4 美術教室で。

No.12 drive home という表現から，彼らは車に乗って家に帰るのだろうと考えられる。

スクリプト

M: There's garbage all over the woods. Who do you think did this?

W: Look over here. It looks like bear tracks.

M: That's not good. Maybe we should stay in a hotel tonight.

W: The closest hotel is two hours away. Let's just forget about camping and drive home.

Question: What will the people probably do next?

対話・質問・選択肢の和訳

男：森じゅうにゴミがありますね。誰がこのようなことをしたのでしょうか？

女：ここを見てください。クマの足跡のようです。

男：それはよくないですね。おそらく今晩はホテルに泊まった方がよさそうです。

女：最寄りのホテルは2時間の距離です。この際キャンプのことは忘れて，車で家に帰りましょう。

問：人々はおそらく次に何をするだろうか？

1　ホテルにチェックインする。　　　2　ゴミを片付ける。

3　車に乗り込む。　　　　　　　　4　クマを探す。

No.13 talk over coffee という表現から，少年は友人とコーヒーを飲むことで帰りが遅くなることがわかる。

スクリプト

M: Hi, Mom, it's me. I'm going to be a little late coming home today.

W: Are you going to be studying at the library again?

M: No, I ran into a friend, so we're going to talk over coffee.

W: Well, your grandparents are here, and they can't wait to see you, so don't miss the last bus.

Question: Why is the boy going to be late?

対話・質問・選択肢の和訳

男：はい，ママ，僕だよ。今日は少し遅く家に帰るよ。

女：また図書館で勉強するつもりなの？

男：違うよ，たまたま友達に会ったから，喫茶店で話をすることにしたんだ。

女：ああ，あなたの祖父母がここにいて，あなたに会いたくて待ちきれないでいるのよ，だから最終バスには乗り遅れないようにね。

問：なぜ少年は遅くなるのか？

1　彼は友達とコーヒーを飲む予定だ。　　　2　彼は彼の祖父母と会う予定だ。

3　彼は図書館で勉強する予定だ。　　　　　4　彼は違うバスに乗る予定だ。

No.14 hurt my ankle という表現から，マットはひざを痛めたことがわかる。

スクリプト

W: Hi, Matt! Want to join us for a run?

M: I can't. I hurt my ankle last week, so I need to let it get better.

W: That's too bad. Did you get injured while playing soccer?

M: No. I'm embarrassed to say it, but I hurt it when I stepped off the bus.

Question: Why can't the man go for a run?

対話・質問・選択肢の和訳

女：こんにちは，マット！　私たちとランニングに参加してはどう？

男：無理だよ。先週ひざを痛めたから，それを回復させなければならないんだ。

女：お気の毒ね。サッカーをしているときに痛めたの？

男：違う。言いにくいんだけど，バスを降りたときに痛めてしまったんだ。

問：なぜ男性は走ることができないのか？

1　彼はけがをしている。　　　　　　　　2　彼はバスに乗る必要がある。

3　彼は走ることに関して当惑している。　4　彼はサッカーをする予定だ。

No.15 tomatoes straight from my garden から，女性は自家製トマトでサラダを作ったことがわかり，その試みが try something new であることがわかる。

スクリプト

M: This salad tastes delicious! Did you buy a new kind of dressing?

W: No, but I used tomatoes straight from my garden.

M: I thought you only grew roses.

W: This year, I decided to try something new.

Question: What is one thing we learn about the woman?

対話・質問・選択肢の和訳

男：このサラダおいしそう！　新しい種類のドレッシングを買ったの？

女：違うわ。私の庭から直送のトマトを使ったのよ。

男：君はバラを育てているだけだと思っていたよ。

女：今年は，新しい何かに挑戦すると決めたのよ。

問：私たちが女性について知る1つのことは何か？

1　彼女は自分でサラダドレッシングを作った。　2　彼女は今年トマトの栽培を始めた。

3　彼女はより大きな庭を持つことを望んでいる。　4　彼女は花屋で働いている。

No.16 my shirts still has spaghetti sauce から，男性のシャツにまだスパゲッティソースが付いていると伝えていることがわかる。

スクリプト

W: Sunny Dry Cleaners. Molly speaking.

M: Hi, this is Ben Geldon. I picked up some clothes today, but one of my shirts still has spaghetti sauce on it.

W: I'm terribly sorry! Please bring it back, and we'll wash it again for free.

M: Great! I'll come by this afternoon.

Question: Why did the man call the shop?

対話・質問・選択肢の和訳

女：サニードライクリーナーズ。モーリーでございます。

男：こんにちは，ベン・ゲルドンです。私は今日数着の服を受け取りましたが，シャツの1枚にまだスパゲッティソースが付いています。

女：大変申し訳ございません！　それをお戻しくだされば，無料で再度洗濯をさせていただきます。

男：よかった！　今日の午後までに行きます。

問：なぜ男性は店に電話をしたのか？

1　彼はスパゲッティソースを買いたがっている。

2　彼は新しいシャツを手に入れたがっている。

3　彼は問題を報告したがっている。

4　彼は予約のスケジュール調整をしたがっている。

No.17 order it through your website から，男性はウェブ上でそれ（赤のセーター）を注文することがわかる。

スクリプト

M: Excuse me. Do you have this sweater in red? I'm looking for a medium.

W: Hmm… it looks like we sold the last one this morning. We'll have more next week, though. Would you like me to hold one for you?

M: No thanks. I'll order it through your website.

W: OK. Thank you for shopping with us.

Question: What will the man probably do?

対話・質問・選択肢の和訳

男：すみません。このセーターの赤色はありますか？　Mサイズを探しています。

女：うーん…今朝，最後の1着が売れてしまったようですね。来週には追加されるのですが。よろしければ1つお取り置きしましょうか？

男：いいえ結構です。ウェブサイトで注文することにします。

女：承知しました。お買い物いただきありがとうございます。

問：その男性はおそらく何をするだろうか？

1　オンラインでセーターを買う。　　2　来週その店に戻ってくる。

3　違う色を探す。　　　　　　　　4　セーターを試着する。

No.18 give her 〜 peanut butter 〜 . Then she'll love you. の部分から，犬はピーナツバターが好きであることがわかる。

スクリプト

W: What a lovely dog. Can I pet her?

M: Sure. She's a little nervous around strangers, so give her some of this peanut butter first. Then she'll love you.

W: I used to have a dog, too. She always fought with our cat and made a lot of noise.

M: My dog is usually pretty quiet.

Question: What is one thing that we learn about the man's dog?

対話・質問・選択肢の和訳

女：なんて可愛い犬なの。彼女に触ってもいいですか？

男：もちろん。彼女は知らない人には少し緊張してしまうので，最初にこのピーナツバターをあげてください。そうすれば，あなたになつきますよ。

女：以前，私も犬を飼っていました。彼女はいつも猫とケンカをして，たくさん大きな音をたてていました。

男：私の犬はたいていとても静かにしていますよ。

問：私たちが男性の犬について知る１つのことは何か？

1 彼女は新しい人々に会うことを楽しんでいる。　　2 彼女は他の動物と戦う。

3 彼女はとても騒がしい。　　　　　　　　　　　4 彼女はピーナツバターが好きである。

No.19 母親が find your father 〜 ask him to help you と述べているところから，少年は父親に助けてもらうために話をするだろうとわかる。

スクリプト

W: Jacob! Why are you climbing the apple tree?

M: I'm sorry, Mom. I was flying my kite, and it got caught in the branches.

W: Well, I don't want you to fall and have to go to the hospital. Go find your father and ask him to help you.

M: OK.

Question: What will the boy do next?

対話・質問・選択肢の和訳

女：ジェイコブ！　なぜあなたはリンゴの木によじ登っているの？

男：ごめんなさい，お母さん。僕は凧揚げをしていて，それが枝に絡まってしまったんだ。

女：ああ，私はあなたが落ちて病院に行ってほしくないのよ。お父さんを見つけに行って，助けてもらうようにお願いして。

男：わかったよ。

問：その少年は次に何をするだろうか？

1 彼の凧を手にする。　　2 病院に行く。　　3 りんごを拾う。　　4 彼の父親と話す。

No.20 明日ハイキングに行かないかと誘われ，watch a play と答えているところから，エイミーは芝居を見る予定であることがわかる。

スクリプト

M: Would you like to go hiking in the mountains tomorrow, Amy?

W: I'd like to, Todd, but my mother is visiting. We're going to watch a play.
M: Then let's go next week. Do you have good hiking shoes?
W: Yes, but I'll need to buy a better coat. The mountains are cold these days.
Question: What is Amy going to do tomorrow?

対話・質問・選択肢の和訳

男：エイミー，明日，山にハイキングに行くのはどうかな？
女：行きたいわ，トッド。でも母が来るのよ。私たちはお芝居を見に行く予定なの。
男：では来週行こう。よいハイキングシューズを持っているかい？
女：ええ，でももっといいコートを買う必要があるわ。山は最近寒いものね。
問：エイミーは明日何をする予定か？
1　新しいコートを買う。　　2　ハイキングに行く。
3　芝居を見る。　　　　　　4　彼女の母を訪問する。

第3部

解答

No.21 ①　*No.22* ①　*No.23* ②　*No.24* ③　*No.25* ④　*No.26* ③　*No.27* ②　*No.28* ①
No.29 ②　*No.30* ④

解説

No.21 クリスマスイブの習慣として，友人や家族に本のプレゼントをするということが述べられている。

スクリプト

In Iceland, it was difficult to get many things from other countries during World War II. But paper products were cheap. That's why giving books as Christmas presents became popular. Today, people in Iceland celebrate *jolabokaflod*. People give friends and family books on Christmas Eve, and they read them that night.
Question: What do people in Iceland do during *jolabokaflod*?

短文・質問・選択肢の和訳

アイスランドでは，第二次世界大戦のあいだ他の国々から多くのものを手に入れることが難しかった。しかし紙製品は安かった。そのためクリスマスプレゼントに本を与えるのが一般的なことになった。今日，アイスランドの人々は jolabokaflod を祝う。人々はクリスマスイブに友人や家族に本を与えて，彼らはその夜にそれらを読むのである。
問：アイスランドの人々は jolabokaflod のあいだ何をするか？
1　彼らは人々に本を与える。　　　　2　彼らはクリスマスプレゼントを開ける。
3　彼らは海外から物品を注文する。　4　彼らは別の国を訪問する。

No.22 ボビー・ギブは秘密でマラソンレースに参加していたことが述べられている。

In 1966, Bobbi Gibb was the first woman to run in the Boston Marathon. Officials wouldn't let her enter because they thought a full marathon would be too difficult for a woman. But she secretly joined the race and finished in 3 hours and 21 minutes. That was faster than half of the other runners.

Question: What is one thing that we learn about Bobbi Gibb?

1966 年に，ボビー・ギブはボストンマラソンに参加した最初の女性になった。役人は，女性にはフルマラソンは難しすぎるだろうと考えたため，彼女の参加に許可を与えようとしなかった。しかし彼女は秘密でレースに参加して 3 時間 21 分でゴールした。それは他のランナーの半分よりも速かった。

問：私たちがボビー・ギブについて知る 1 つのことは何か？

1 彼女は秘密でボストンマラソンに参加した。
2 彼女はボストンマラソンで最も速く走った。
3 彼女はフルマラソンは難しすぎると考えた。
4 彼女は 1966 年のボストンマラソンで勝利した。

No.23 Titan Arum（ショクダイオオコンニャク）は悪臭を持つ花であることが述べられている。

The flower with the worst smell in the world is the Titan Arum. It is also known as the corpse flower because it smells like dead animals. It blooms once every few years and only stays open for a day or two. The terrible smell is used by the flower to attract flies. The flower can grow more than three meters tall.

Question: What is one thing that we learn about the Titan Arum?

世界で最も悪臭のする花はショクダイオオコンニャクである。それは死んだ動物のようなにおいがするため死体の花としても知られている。それは数年に 1 回開花し，1 〜 2 日のあいだ開花が続くのみである。悪臭はハエを引きつけるためにその花によって利用されている。その花は 3 メートルを超える背丈に成長することもある。

問：私たちがショクダイオオコンニャクについて知る 1 つのことは何か？

1 それは数日ごとに咲く。　　　　　　2 それはよいにおいがしない。
3 それは死んだ動物の近くで成長する。　　4 それはハエを殺して消化する。

No.24 エスカレーターは一度に一方向しか移動しないことが述べられている。

The 800-meter long Central-Mid-Levels escalator in Hong Kong is the longest

escalator system in the world. A full trip takes about 20 minutes. The escalator
only goes in one direction at a time. Every morning at 10 a.m. the direction
changes, and then at midnight it stops for the night. The whole system is
covered, so people stay dry even when it rains.

Question: What is one thing that we learn about the Central-Mid-Levels
escalator system?

短文・質問・選択肢の和訳

香港にある 800 メートルの長さのセントラルミッドレベルエスカレーターは世界で最も長い
エスカレーターシステムである。完全に移動するのにおよそ 20 分かかる。そのエスカレータ
ーは一度に一方向にしか進まない。毎朝 10 時にその方向は変わり，そして夜のあいだは真夜
中に停止する。全システムは屋根で覆われているため，雨が降るときでさえ人々は濡れずにい
られる。

問：私たちがセントラルミッドレベルエスカレーターシステムについて知る 1 つのことは何
か？

1　それは 800 メートルの高さである。　　2　しばしばエスカレーターの上に雨が降る。

3　それは一度に一方向にしか行かない。　4　それは 1 日 24 時間営業である。

No.25 フェスティバルのあいだ，人々はサルに，街に旅行者を呼び込んでくれたこと
に対して感謝するという内容が述べられている。

スクリプト

The Monkey Buffet Festival in Thailand attracts more than 2,000 monkeys to a
temple every November. People bring thousands of pounds of fruit, vegetables,
and sweets to thank the monkeys for bringing tourists to their town.
Performers also dress up in monkey costumes and dance. The monkeys
sometimes steal items from visitors like cell phones and glasses.

Question: What is the purpose of the Monkey Buffet Festival?

短文・質問・選択肢の和訳

タイのモンキーブッフェフェスティバルは毎年 11 月にお寺に 2,000 匹超のサルを引きつけ
ている。人々は何千ポンドもの果物，野菜，甘いものを持ってきて，観光客を彼らの街に呼び
込んでくれたことに対してサルに感謝を表すのである。演者たちはサルのコスチュームに着替
えて踊ることもする。サルはときどき携帯電話やメガネのような物品を訪れる人たちから盗む
こともある。

問：モンキーブッフェフェスティバルの目的は何か？

1　より多くの旅行者を魅了するため。　　2　盗まれた物品を取り戻すため。

3　旅行者に向けてショーを催すため。　　4　街のサルたちに感謝するため。

No.26 バーミンガム市はチョコレートで有名なことが述べられている。

スクリプト

Birmingham is a famous city in England. It has 571 parks, more than any other

European city, as well as more canals than Venice. It is also well known for chocolate. A popular sweets company was established in Birmingham in 1824. Many people like Birmingham for its many shops and restaurants.

Question: What is one thing we learn about the city of Birmingham?

短文・質問・選択肢の和訳

バーミンガムはイギリスの有名な都市である。そこにはベニスよりも多い運河に加え，ヨーロッパのどの都市よりも多い 571 の公園がある。そこはまたチョコレートでもよく知られている。人気のあるお菓子の会社は 1824 年にバーミンガムで設立された。多くの人々は多くのお店とレストランがあるバーミンガムを好んでいる。

問：私たちがバーミンガム市について知る 1 つのことは何か？

1　それはベニスよりも多くのレストランがある。　　2　それはヨーロッパで最大の公園がある。

3　それはチョコレートで有名である。　　　　　　4　それは 1824 年に形成された。

No.27 ハチドリの中には重さ 2 グラムに満たないものもいると述べられており，非常に軽いことがわかる。

スクリプト

Of all of the bird species, hummingbirds are the smallest and the lightest. Some weigh even less than two grams. They are the only birds that can fly backward. An average hummingbird's resting heart rate is 1,200 beats per minute, more than ten times that of a human. Hummingbirds have very good eyes but a poor sense of smell.

Question: What is one thing that we learn about hummingbirds?

短文・質問・選択肢の和訳

すべての鳥の種の中で，ハチドリは最も小さく軽量である。中には 2 グラムもないものさえいる。それらは後ろ向きに飛ぶことができる唯一の鳥である。ハチドリの安静時の心拍数は平均して 1 分間に 1,200 回であり，それは人間の 10 倍以上である。ハチドリはとてもよい視力を持つが嗅覚はよくない。

問：私たちがハチドリについて知る 1 つのことは何か？

1　それらの心拍数は極端に遅い。　　　　　2　それらは他の鳥よりも軽量である。

3　それらは後ろ向きに歩くことができない。　4　それらは嗅覚が優れている。

No.28 バンフ国立公園は，もともとは 25 平方キロメートルであったのが，現在は 6,641 平方キロメートルになっていると述べられているため，大きくなっていることがわかる。

スクリプト

Banff National Park was established in 1885. It is the oldest national park in Canada and the third-oldest national park in the world. It was originally 25 square kilometers, but today it is 6,641 square kilometers. It also has 1,500 km of hiking trails. Inside the park, you can find sheep, goats, bears, and wolves.

More than four million people visit the park every year.

Question: What is one thing that we learn about Banff National Park?

バンフ国立公園は 1885 年に設立された。それはカナダで最古の国立公園であり，世界では第3に古い国立公園である。もともとは 25 平方キロメートルであったが，今日は 6,641 平方キロメートルである。そこには 1,500 キロメートルのハイキング用の道もある。園内では，ヒツジ，ヤギ，クマ，そしてオオカミを見つけることができる。毎年 400 万人を超える人々がその公園を訪れる。

問：私たちがバンフ国立公園について知る 1 つのことは何か？

1 それはずっと大きくなっている。　　2 そこには 400 万超のヒツジがいる。

3 それは世界で最古の公園である。　　4 毎日 1,500 人の人々しか訪れない。

No.29 ポテトチップの発明は，ケイティがジャガイモを切った一部を油に落としてしまったものをジョージが食べたことがきっかけであると述べられており，偶然だったことがわかる。

スクリプト

No one knows for sure who invented the potato chip. But one story says that they came from a restaurant where George Speck worked as a chef. George's sister Katie was peeling potatoes when a piece fell into some hot oil. After Katie got it out, George took a bite and thought it was delicious. He then asked her how to make it.

Question: What does one story say about the invention of potato chips?

誰がポテトチップを発明したのか，誰も正確には知らない。しかし，ある物語によると，それはジョージ・スペックがシェフとして働いていたレストランで始まったものだというのだ。ジョージの姉妹のケイティがジャガイモの皮をむいていたときに一部が熱い油の中に落ちた。ケイティがそれを取り出した後，ジョージが一口食べておいしいと思ったのだ。それで彼は彼女にどのようにそれを作ったのかを尋ねたのである。

問：物語ではポテトチップスの発明について何が述べられているか？

1 人々は最初それらを好まなかった。

2 その発明は偶然だった。

3 それらは有名なシェフの考えだった。

4 それらはレストランの最も人気のある商品だった。

No.30 ミツバチは巣の温度を上昇させるために体を揺するということが述べられている。

スクリプト

Honeybees try to keep the temperature of their hive between 32 and 36 degrees Celsius. When it gets too cold in the winter, the bees gather around their queen with their heads facing inward. Then, they shake their bodies to warm up. The bees eat honey to keep up their energy while they move.

Question: Why do bees shake in the winter?

短文・質問・選択肢の和訳

ミツバチは彼らの巣の温度を摂氏 32 度から 36 度に保とうとする。冬に寒くなりすぎると，ミツバチは頭を内向きにして女王バチの周辺に集まってくる。そして，彼らは温まるために体を揺さぶる。ミツバチは彼らが動いているあいだエネルギーを維持するためにハチミツを食べるのである。

問：なぜミツバチは冬に体を揺するのか？

1　あるエクササイズをするため。　　2　よりよいハチミツを作るため。

3　より多くの卵を生産するため。　　4　巣を温めるため。

演習２　解答と解説

⇒ p.30 ～ 35

第 1 部

解答

No.1 ①　*No.2* ②　*No.3* ②　*No.4* ③　*No.5* ②　*No.6* ②　*No.7* ②　*No.8* ④
No.9 ①　*No.10* ④　*No.11* ②　*No.12* ④　*No.13* ③　*No.14* ④　*No.15* ③

解説

No.1 少年は数学の宿題がたくさんあって忙しいことから，それに取り組むだろうと考えられる。

スクリプト

M: Mom, can you look over my history report? I need to turn it in tomorrow.
W: I'm going to start preparing dinner now, so how about after we eat?
M: Sure, I can wait. I have plenty of math homework to keep me busy until then.
W: When you're done with that, please help me set the table.
Question: What will the boy do next?

対話・質問・選択肢の和訳

男：ママ，僕の歴史のレポートを確認してもらえるかな？　明日，それを提出しなければならないんだ。
女：私はこれから夕食の準備を始めるから，食べ終わってからはどうかしら？
男：もちろん，待つことができるよ。僕はその時までたくさんの数学の宿題があって忙しいよ。
女：それが終わったら，テーブルの準備をする手伝いをしてね。
問：少年は次に何をするだろうか？
1　彼の数学の宿題をする。　　　　　　2　彼の歴史のレポートを確認する。
3　夕食のテーブルをセットする。　　　4　彼の宿題を提出する。

No.2 最初のやりとりから，女性は自分の駐車場所を勘違いしていることがわかる。そして，男性の最後の発言から，女性が別の階にいることがわかる。

スクリプト

W: Excuse me. Is this your car? I think you're in my parking space.
M: You must be mistaken. I've had this parking space for at least fifteen years.
W: Sorry, I just moved to this apartment building. This is space 91, isn't it?
M: Yes, but there's a 91 on each floor. Your spot must be on the lower floor near the garbage room.
Question: What is the woman's problem?

女：すいません。これはあなたの車ですか？　あなたは私の駐車スペースにおられると思うのですが。

男：あなたはきっと勘違いしています。私は少なくとも 15 年，この駐車スペースを利用しています。

女：ごめんなさい，私はこのアパートに引っ越してきたばかりです。ここは 91 ですよね？

男：ええ，でも各フロアに 91 はあります。あなたの場所はきっとゴミ置き場の近くの下の階にあります。

問：女性の問題は何か？

1　彼女はゴミ置き場を見つけることができない。　　2　彼女は間違ったフロアにいる。

3　彼女は新しい車を必要としている。　　4　彼女は引っ越す手助けを望んでいる。

No.3 最初に，ダナは週末に飛行機でシカゴに行く必要があることを述べている。

W: Hi, Harold. I have to fly to Chicago on business this weekend. Do you think you could look after my dog?

M: Sorry, Dana. I'd like to help you, but I'm allergic to dog hair.

W: Do you think your wife might be available? She would just need to feed him and let him out a few times.

M: I doubt it. She's running in a marathon on Sunday.

Question: What do we learn about Dana?

女：こんにちは，ハロルド。私は今週末，仕事でシカゴに飛行機で行かなければなりません。私の犬の世話をしていただけませんか？

男：申し訳ない，ダナ。私はあなたを助けたいのですが，犬の毛にアレルギーがあります。

女：あなたの奥様は可能ではないでしょうか？　エサをやり，数回外に出させる必要があるだけです。

男：難しいと思います。彼女は日曜日にはマラソンをする予定です。

問：私たちはダナについて何がわかるか？

1　彼女は犬にアレルギーがある。　　2　彼女は街の外に出かけるだろう。

3　彼女は走りに行くことが好きである。　　4　彼女は犬を手に入れたいと思っている。

No.4 女性は，「なぜもっと早く連れて行ってくれなかったのか」とまで言っているところから，パスタを非常に気に入っていることがわかる。

W: I can't believe how good this pasta is. Why didn't you take me to this restaurant sooner?

M: Just wait until you try the strawberry cheesecake. It's so rich and delicious.

W: How is your steak? You've barely eaten half of it.

M: I want to save some room for dessert. Feel free to have a few bites.

Question: How does the woman feel about the meal?

対話・質問・選択肢の和訳

女：このパスタは信じられないくらいおいしいわ。なぜもっと早く私をこのレストランに連れて行ってくれなかったの？

男：イチゴのチーズケーキを食べるまで少しだけ待ってよ。それはとても濃厚でおいしいんだ。

女：あなたのステーキはどう？　やっと半分食べただけじゃない。

男：デザートのために空けておきたいんだ。数口，自由に食べていいよ。

問：女性は食事についてどのように感じているか？

1　それは高価すぎる。　　　　　　　2　彼女はもっと多くのデザートが欲しい。

3　パスタがおいしい。　　　　　　　4　ステーキが大きすぎる。

No.5 女性は，最初の発言から，コンピューターを購入することに興味があるとわかる。

スクリプト

W: I'm interested in buying this computer, but I don't know much about the brand. Is it new?

M: It is, yes. Why don't you try it out? If you buy it today, you can return it for a full refund within 30 days.

W: What if I accidentally drop it and it needs to be repaired?

M: Unfortunately, we can't accept it if it's broken.

Question: What does the woman want to do?

対話・質問・選択肢の和訳

女：私はこのコンピューターを購入することに興味がありますが，ブランドに関してはあまりよくわかりません。それは新しいものですか？

男：はい，そうです。お試しになってみてはいかがでしょうか？　もし本日ご購入なら，あなたは 30 日以内の全額保証で返品をすることができます。

女：もし偶然落としてしまって修理が必要になった場合はどうなりますか？

男：残念ですが，壊れた場合は受け付けることができません。

問：女性は何をすることを望んでいるか？

1　彼女のお金の返金を求める。　　　2　新しいコンピューターを手に入れる。

3　異なったブランドを見つける。　　4　彼女の古いコンピューターを修理する。

No.6 チケットを予約すると言っていることから，夫婦は土曜日のジャズバンドの演奏を聴きに行くことがわかる。

スクリプト

M: How about we have a romantic dinner at home this weekend? I can show you what I've learned from my Italian cooking lessons.

W: That's right! It's our wedding anniversary on Saturday. But my friend Jessie is playing downtown that day....

M: With her jazz band? We haven't seen them in so long. Let's save dinner for Sunday, then.

W: Great! I'll go online to reserve tickets.

Question: What will the couple do on Saturday?

男：私たちは今週末に家でロマンチックなディナーをするのはどうだろう？　私はイタリア料理のレッスンから学んだことを君に見せることができるよ。

女：そうね！　土曜日は私たちの結婚記念日だわ。でも私の友達のジェシーがその日ダウンタウンで演奏をするのよ…。

男：彼女のジャズバンドで？　私たちは長いあいだ彼らを見ていないな。では，ディナーは日曜日にとっておこう。

女：いいわね！　オンラインでチケットを予約するわ。

問：夫婦は土曜日に何をするだろうか？

1　イタリアンレストランで食事をする。　　2　ジャズのコンサートに行く。

3　彼らの友達とディナーを食べる。　　　　4　いくつかの料理のレッスンを受ける。

No.7 女性は，職場に残っている同僚に対して，自分が放置してしまった書類を移動させることを依頼している。

スクリプト

W: Hi, Chuck. It's Doris. Are you still at the office?

M: I'm about to leave, actually. I just finished putting together a presentation for our new client who is coming tomorrow.

W: Oh, great! Listen, I need you to do me a favor. I accidentally left some documents in the printer. Can you put them some place safe so they don't get thrown away?

M: No problem. I'll leave them right in front of your computer.

Question: What does the woman want the man to do?

対話・質問・選択肢の和訳

女：こんにちは，チャック。ドリスよ。まだ職場にいる？

男：実は，帰ろうとしていたところだよ。明日来ることになっている新しいクライアントに対するプレゼンテーションのまとめがちょうど終わったところなんだ。

女：ああ，よかった！　聞いて，私はあなたにお願いがあるの。たまたまプリンターのところに数枚の書類を置き忘れたの。捨てられないように安全などこかにそれらを置いておくことができる？

男：問題ないよ。君のコンピューターのちょうど前にそれらを置いておくよ。

問：女性は男性に何をしてもらいたいのか？

1　プレゼンテーションを終えてもらう。

2　いくつかの書類を移動してもらう。

3　書類を印刷してもらう。

4　自分のコンピューターの電源を入れてもらう。

No.8 男性は，すべてのことが前回と同じであると述べていることから，変化が見られないことがわかる。

スクリプト

M: My stomach is still bothering me. I don't think the medicine the doctor gave me is helping.

W: It's been a week since your last visit. Do you have any other symptoms, such as a fever or a headache?

M: No, everything's the same as last time.

W: I see. The doctor will have to run a few tests on you today. Please go ahead and enter the examination room.

Question: What does the man say about his illness?

対話・質問・選択肢の和訳

男：お腹の具合がまだ悪いです。医者にもらった薬が効いていると思えません。

女：最後に来てから1週間が経過しました。熱や頭痛のような他の症状はありますか？

男：いいえ，すべてのことが前回と同じです。

女：わかりました。医者は今日あなたにいくつかの検査をしなければならないでしょう。先に進んで検査室に入室してください。

問：男性は自分の病気に関して何を言っているか？

1　彼はひどい頭痛がする。　　　2　彼は薬を切らしている。

3　彼の熱はなくなっている。　　4　それはまったく変わっていない。

No.9 男性は，予約時間を過ぎて待たなければならないことに対して，50 ドルの割引が受けられることがわかる。

スクリプト

M: I have a reservation for three people at 8 p.m. The name is Nathanial Harrison.

W: I'm sorry, Mr. Harrison. We're running a little behind schedule because of a large birthday party. Do you mind waiting for a few more minutes?

M: Is there any seating available outside?

W: I'm afraid not. However, my manager said that I could take $50 off of your meal because of the trouble.

Question: What did the woman's manager say?

対話・質問・選択肢の和訳

男：私は午後8時に3人で予約をしています。名前はナサニアル・ハリソンです。

女：申し訳ございません，ハリソン様。大きな誕生日パーティーのために予定が少々遅れています。もう数分のあいだお待ちいただけますでしょうか？

男：外に座るところはありますか？

女：あいにくですがございません。しかし，ご迷惑をおかけしているので50 ドル割引するとマネージャーが申しております。

問：女性のマネージャーは何を言ったか？
1 グループは夕食の割引を手に入れることができる。
2 グループは外で食事を取ることができる。
3 グループはそこで誕生日パーティーを開催できる。
4 グループは午後 8 時に予約することができる。

No.10 女性は，「聞いたところによると」と前置きした後に，その教授は他の何よりも授業での積極的な参加を重視しているらしいと述べている。

スクリプト

M: I heard a lot of students failed this class last year.

W: Yeah, but there's a new professor this year. She just came from another university, where she was very popular.

M: I wonder what her tests will be like.

W: From what I heard, she wants you to participate actively in class more than anything else. Just make sure to prepare before each class.

Question: What did the woman hear about the professor?

対話・質問・選択肢の和訳

男：私は昨年このクラスでたくさんの生徒が落第したと聞きました。

女：そうですが，今年は新しい教授がいます。彼女は別の大学から来たばかりで，そこで非常に人気がありました。

男：彼女の試験はどのようなものなのでしょう。

女：聞いたところでは，彼女は他の何よりも授業であなたに積極的に参加してもらいたいと思っています。1 回毎の授業の前に必ず準備をしてください。

問：女性はその教授に関して何を聞いたか？
1 彼女のクラスは極端に難しい。　　2 彼女の試験は他の教授のものより易しい。
3 彼女は最も人気のある教授である。　4 彼女は授業で生徒たちに話してもらいたがっている。

No.11 ジャックは，バスの運行スケジュールが変更になったことを知らずに外出の準備をしていたことがわかる。

スクリプト

W: Why are you so late, Jack? I didn't see any traffic out today.

M: Hi, Carla. I was going to catch the bus at 8:15, but as I was getting ready to leave the house, I saw the bus go by! I had to get the next one.

W: Didn't you know they changed the bus schedule this week?

M: That explains it. I thought it might have been a new driver.

Question: Why was Jack late?

対話・質問・選択肢の和訳

女：ジャック，あなたはなぜそんなに遅れているのですか？　今日は渋滞している様子はなかったですよ。

男：こんにちは，カーラ。私は 8 時 15 分にバスに乗る予定でしたが，家を出る準備をしていたとき，バスが通過するのを見たのです！　私は次の（バス）に乗らなければなりませんでした。

女：あなたはバスの運行スケジュールが今週変更されたのを知らなかったのですか？

男：そういうことだったのですね。私は新人運転手だったのかもしれないと思っていました。

問：なぜジャックは遅れていたのか？

1　彼は準備するのに時間をかけすぎた。　　2　バスの運行スケジュールが変更された。

3　交通量が多かった。　　　　　　　　　4　新しいバスの運転手がいた。

No.12 女性は，ビーグルに夢中なため，他の種類の犬に関心がないことがわかる。

スクリプト

W: This beagle is so cute! I can't wait for him to bring me the newspaper every morning. Do you think he'll be easy to train?

M: Probably not. How about one of these dogs over here? They're very smart.

W: No, those are much too big for my house. My heart is set on the beagle.

M: In that case, I'd recommend looking on our website for a professional trainer.

Question: What will the woman do?

対話・質問・選択肢の和訳

女：このビーグルはとてもかわいいわ！　私は彼が毎朝新聞を持ってくるのを待ちきれないわ。あなたは彼を訓練することは簡単だと思う？

男：おそらく簡単ではないと思うよ。こっちにいるこれらの犬の 1 匹はどうかな？　彼らはとても賢いよ。

女：いいえ，それらは私の家にはだいぶ大きすぎるわ。私の気持ちはビーグルに奪われているの。

男：その場合，プロのトレーナーをウェブサイトで探すことをおすすめするよ。

問：女性は何をするだろうか？

1　大きな犬の 1 匹を手に入れる。　　2　オンラインで犬を探す。

3　新聞で彼女の犬を売る。　　　　　4　ビーグルを家に連れて帰る。

No.13 女性は，別の時間で空きがあるかを確認していることから，予約の変更を望んでいることがわかる。

スクリプト

W: This is Mary Parker in room 1217. I had a 2 p.m. spa appointment, but now I have to take a taxi to go meet some friends at the airport.

M: Would you like to cancel your appointment or come at another time?

W: Well, my friends will probably want to come, too. Are there any openings today at 5 p.m.?

M: Sure. I'll pencil you in.

Question: What does the woman want to do?

女：こちらは 1217 室のメアリー・パーカーです。私は午後 2 時のスパの予約をしましたが，いま私は空港の友達を迎えに行くためにタクシーに乗らなければならないのです。

男：予約をキャンセルされるか，別の時間に来店されることをご希望ですか？

女：ええと，たぶん私の友人も行きたがると思います。今日の午後 5 時に空きはありますか？

男：もちろんです。あなたの予約を入れさせていただきます。

問：女性は何をすることを望んでいるか？

1 違うフライトを予約する。　　　　2 彼女のタクシーの予約をキャンセルする。

3 彼女のスパの予約を変更する。　　4 より大きな部屋に移動する。

No.14 中華料理を食べたいと言った女性に対して，男性が中華料理店の場所について教えている。

M: Are you waiting for the restaurant to open? I think the owners are out of town until next month. They always go to the beach in the winter.

W: I had no idea! Are there any other restaurants around here? I wanted to have Chinese food for lunch.

M: There's a place across from the train station. It's about a five-minute walk from here.

W: I'll give it a try. Thank you!

Question: What is one thing the man tells the woman?

男：あなたはレストランが開店するのを待っているのですか？　来月までオーナーたちは街にはいないと思います。彼らはいつも冬にはビーチに行っています。

女：知りませんでした！　このあたりには他のレストランはありますか？　私は昼食に中華料理を食べたかったのです。

男：電車の駅の向こう側にありますよ。それはここから徒歩 5 分くらいのところです。

女：試してみます。ありがとうございます！

問：男性が女性に伝えている 1 つのことは何か？

1 彼はしばらく街の外に出ている。　　　2 彼は鉄道の駅の近くに住んでいる。

3 ビーチは冬のあいだ閉鎖されている。　4 中華料理店がすぐそばにある。

No.15 女性は，男性の自動車のライトが点灯していることに気づいたと述べている。

M: This is Noah Flinker.

W: Hello, this is Joanna from next door. Sorry to bother you, but I was taking my dog for a walk, and when I got back, I noticed that your car light was on.

M: Uh oh. The car lights usually shut off by themselves. That must mean I left the door open when I took in the groceries. Thanks so much for telling me.

W: Sure thing!

Question: Why did the woman call the man?

対話・質問・選択肢の和訳

男：こちらはノア・フリンカーです。

女：こんにちは，隣のジョアンナです。 お忙しいところ申し訳ありませんが，私は犬を散歩に連れて出ていて，帰るときに，あなたの車のライトが点灯していることに気づきました。

男：ああ，なんということ。車のライトは通常は自動的に消えるのです。食料品を車内に入れたときにドアを開けたままにしておいたに違いありません。教えてくださってどうもありがとうございます。

女：とんでもありませんよ！

問：なぜ女性は男性に電話したのか？

1 彼女は彼の食料品を外で見つけた。　　　　2 彼女は彼女の車の手助けを必要とした。

3 彼女は彼の車のライトが点灯しているのを見た。　4 彼女は一緒に散歩に出かけたがっていた。

第2部

解答

No.16 ①　*No.17* ③　*No.18* ④　*No.19* ③　*No.20* ③　*No.21* ③　*No.22* ②　*No.23* ①
No.24 ③　*No.25* ④　*No.26* ③　*No.27* ①　*No.28* ③　*No.29* ③　*No.30* ③

解説

No.16 労働者は，年齢が高いにもかかわらず，手が非常に若々しかったことがわかる。

スクリプト

In the 1970s, scientists noticed something interesting at a Japanese sake factory. Even though many of the workers were old, their hands were very smooth. The scientists discovered that the yeast in the sake was keeping their hands young-looking. Yeast is a product often used in baking bread. Scientists used their discovery to make a popular beauty product.

Question: What is one thing we learn about workers in the sake factory?

短文・質問・選択肢の和訳

1970年代に，科学者たちは日本酒の工場でおもしろいことに気づいた。多くの労働者たちは高齢にもかかわらず，手がとてもすべすべしていた。科学者たちは酒の中のイーストが彼らの手を若々しい見た目に保っていたことを発見したのだ。イーストはパンを焼くときにしばしば使われる商品である。科学者たちは彼らの発見を用いて人気の化粧品を作った。

問：私たちが酒工場の労働者について知る1つのことは何か？

1 彼らの手は若々しく見えた。　　　　2 彼らはパンを焼くことを好んだ。

3 彼らは全員70歳超だった。　　　　4 彼らは厚いメイクをした。

No.17 クラットは，ガンと闘うためのお金を工面したかったことがわかる。

スクリプト

In 1985, Dr. Gordon Klatt wanted to raise money to fight cancer. Klatt decided to walk around the track at a local university for 24 hours. Friends gave him money to keep going, and he raised $27,000. Afterward, Klatt made an organization called Relay for Life to continue raising money. Today, more than 5,000 Relay for Life events are held each year.

Question: Why did Klatt walk around a track all night?

短文・質問・選択肢の和訳

1985 年に，ゴードン・クラット医師はガンと闘うためにお金を集めることを望んだ。クラットは 24 時間のあいだ地元の大学の陸上トラックを歩いて周回することを決意した。友人たちは継続させるために彼にお金を与え，そして彼は 27,000 ドルを集めた。後に，クラットはお金を集め続けるためにリレー・フォア・ライフと呼ばれる団体を作った。今日では，毎年 5,000 超のリレー・フォア・ライフのイベントが開催されている。

問：なぜクラットは一晩中トラックの周りを歩いたのか？

1　彼は 5,000 ドルを集めることを望んだ。　　2　彼は大会のために訓練をしていた。

3　彼はガンと戦おうとしていた。　　　　　　4　彼の団体が彼に依頼した。

No.18 キリンが 1 本の木から少ししか食べないのは，アカシアが動物を病気にさせる化学物質を放出していることが理由だとわかる。

スクリプト

In Africa, giraffes often eat the leaves of acacia trees. To prevent giraffes from eating too much, acacia trees release chemicals called tannins that can make some animals sick. They can also release a chemical to tell other trees in the area to release tannins. That's why giraffes don't spend a lot of time eating leaves from a single tree.

Question: Why do giraffes usually eat only a little from each acacia tree?

短文・質問・選択肢の和訳

アフリカでは，キリンはしばしばアカシアの木の葉を食べる。キリンが食べ過ぎないようにするために，アカシアの木はいくつかの動物を病気にさせてしまう可能性があるタンニンと呼ばれる化学物質を放出する。それらはまたその地域の他の木がタンニンを放出するように指令を出す化学物質を放出できる。そういう理由で，キリンは 1 本の木から葉を食べるのに多くの時間を費やさないのである。

問：なぜキリンは通常それぞれのアカシアの木から少ししか食べないのか？

1　彼らは木が病気になることを望んでいない。

2　彼らは食べすぎると病気になる。

3　彼らは木が意思疎通する手助けをする。

4　彼らはある化学物質を避けることを望んでいる。

No.19 パーシー・スペンサーが，レーダーの一部がチョコレートを溶かしたと気づいたことがわかる。

スクリプト

Percy Spencer was an engineer who worked on radars. Radars are machines that can find things like ships, planes, and even rain using radio waves. In 1945, Spencer was working on a part of the radar called a magnetron when he noticed something surprising: a chocolate bar in his pocket had melted. He realized that the magnetron caused it to heat up. This discovery led to the invention of the microwave.

Question: What is one thing we learn about Percy Spencer?

短文・質問・選択肢の和訳

パーシー・スペンサーはレーダーを研究するエンジニアであった。レーダーは船，飛行機，そして雨のようなものさえも電波を用いて発見することができる機械である。1945年，スペンサーはマグネトロンと呼ばれるレーダーの一部の研究をしており，そのとき驚くべきことに気づいたのである，つまり彼のポケットのチョコレートバーが溶けていたのである。彼はマグネトロンがその温度上昇を引き起こしたと理解した。この発見は電子レンジの発明につながったのである。

問：私たちがパーシー・スペンサーについて知る1つのことは何か？

1 彼はエンジニアの学校を卒業した。　　2 彼はレーダーを発明した。

3 彼は機械でチョコレートを溶かした。　　4 彼はたくさんの電子レンジを販売した。

No.20 ロバート・コーネリアスが，最初の自撮り画像を撮影した人物であるとわかる。

スクリプト

Today, many people use the cameras on their smartphones to take selfies, or pictures of themselves. However, the first selfie was taken by Robert Cornelius in 1839. He used special chemicals to produce the image on a metal plate. The process was invented by a man named Louis Daguerre just a few months before.

Question: What is one thing we learn about Robert Cornelius?

短文・質問・選択肢の和訳

今日，多くの人々は自撮り，つまり自分の画像を撮るためにスマートフォンのカメラを用いる。しかしながら，最初の自撮りは1839年にロバート・コーネリアスによって撮られた。彼は金属プレートに画像を作るために特別な化学物質を用いた。そのプロセスはそのほんの数か月前にルイ・ダゲールという名前の男性によって発明されたのである。

問：私たちがロバート・コーネリアスについて知る1つのことは何か？

1 彼はカメラを発明した。　　2 彼は金属プレートを販売した。

3 彼は自身の写真を撮った。　　4 彼はルイ・ダゲールのために働いた。

No.21 フランス軍隊がエッフェル塔を役に立つものだと考えたことが理由とわかる。

スクリプト

The Eiffel Tower is a famous structure in France. However, architect Gustave Eiffel originally planned to build it in Barcelona, Spain. His plan was rejected because people thought it was ugly. Although it was built in Paris, people there didn't think it was attractive either. They decided to break it down and sell the metal. However, the French army thought it was useful as a communications tower, so it was saved.

Question: Why did France decide to keep the Eiffel Tower?

短文・質問・選択肢の和訳

エッフェル塔はフランスの有名な建築物である。しかし，建築家のギュスターヴ・エッフェルはもともとスペインのバルセロナにそれを建てようと計画していた。彼の計画は人々がそれは醜悪であると思ったために拒否された。それはパリに建てられたが，そこの人々もそれを魅力的であるとは思わなかった。彼らはそれを取り壊して金属を売りに出すことを決定していた。しかし，フランス軍がそれは通信塔として役に立つと考えたため，残されたのである。

問：フランスはなぜエッフェル塔を維持することを決定したのか？

1 それは壊して売ることができた。

2 それはパリをより魅力的に見えるようにした。

3 それはフランス軍にとって役立つものだった。

4 彼らはスペインにそれを持ってほしくなかった。

No.22 問題だったのは，最初の船に載せていた氷が溶けたことだとわかる。

スクリプト

More than 100 years before people had refrigerators in their homes, Frederic Tudor was selling ice. In 1806, Tudor started cutting blocks of ice out of frozen lakes and rivers in Boston to sell to cities around the world. Although Tudor's first shipment of ice melted, he learned to send ice to cities all over the world. People started calling him the "Ice King," and he became very rich.

Question: What is one problem Frederic Tudor faced?

短文・質問・選択肢の和訳

人々が自宅で冷蔵庫を持つ100年よりもっと前，フレデリック・チューダーは氷を販売していた。1806年，チューダーは，世界中の都市に売るためにボストンの凍った湖や川から氷の塊を切り取ることを始めた。チューダーの最初の氷の船積み荷は溶けたが，彼は氷を世界中の都市に売るようになった。人々は彼を「氷の王」と呼び始め，彼は非常に裕福になった。

問：フレデリック・チューダーが直面した1つの問題は何か？

1 彼は強力な王に氷を売ることができなかった。　　2 彼の船の1つの氷が溶けた。

3 ボストンの氷は十分に冷たくなかった。　　4 冷蔵庫を持っている人が多すぎた。

No.23 Monstera Deliciosa（ホウライショウ）は，喉を痛めたり，腹痛を引き起こしたりする危険な食べ物であることがわかる。

スクリプト

Monstera Deliciosa is a fruit that has the nickname "Swiss cheese plant."
That's because it has strange holes all over it, just like the cheese. If you eat
Monstera Deliciosa before it's ripe, it can hurt your throat. And even when it's
ready, if you eat too much of it, you can get a stomachache. But people say it's
a delicious fruit that tastes like a pineapple, coconut, and banana.
Question: What is one thing we learn about Monstera Deliciosa?

短文・質問・選択肢の和訳

ホウライショウは「スイス製チーズの植物」というニックネームを持つ果物である。それは奇妙な穴があらゆるところにあり，ちょうどチーズに似ているからである。もし熟す前にホウライショウを食べる場合，あなたの喉を痛める可能性がある。そしてそれが食べ頃になった場合でさえ，もしたくさん食べすぎると，腹痛を起こす可能性がある。しかし，人々はそれがパイナップル，ココナッツ，そしてバナナのような味のするおいしい果物であると言っている。
問：私たちがホウライショウについて知る１つのことは何か？
1 それはあなたの具合を悪くさせる可能性がある。　　2 それは大きな穴の中で成長する。
3 それはチーズの一種である。　　　　　　　　　　　4 それはパイナップルの一種である。

No.24 建築素材を作るのに重要な砂が不足しているため，盗む者がいることがわかる。

スクリプト

Some kinds of sand are important for making building materials, and the world
is running out. That's why people have started to steal it. Sand particles from
beaches and the bottom of rivers, lakes, and oceans have sharp angles that help
pieces fit together. Desert sand particles, on the other hand, cannot be used in
building materials because they are too round.
Question: Why are people stealing sand?

短文・質問・選択肢の和訳

砂の種類の中には建築素材を作るために重要なものがあり，世界では不足が生じている。そういう理由で，人々がそれを盗み始めている。ビーチや川，湖，そして海の底から採った砂粒は破片がかみ合うのに役立つ鋭い角度を持っている。一方で，砂漠の砂粒は，丸みを帯びすぎているために建築素材の中で使われることができないのである。
問：なぜ人々は砂を盗んでいるのか？
1 ビーチはしばしば新しい砂を必要とする。　　2 砂漠は過剰に大きく成長している。
3 それは重要な建築素材である。　　　　　　　4 丸い砂粒は特に価値がある。

No.25 火をつけるのは，気温が低下しすぎると線路が破損する可能性があり，それを防ぐためとわかる。

For more than 200 years, railroad workers have been setting train tracks on fire in the cold. The metal tracks get bigger and smaller when temperatures go up and down. When temperatures drop too much, it can cause parts of a track to fall apart. Railroad workers can use special heaters to keep tracks warm, but fire is the cheapest and easiest method.

Question: Why do railroad workers set tracks on fire?

短文・質問・選択肢の和訳

200年以上の間，鉄道労働者は寒い中で鉄道線路を火にさらし続けている。金属製の線路は気温が上がったり下がったりすると，膨張したり収縮したりする。気温が過度に下がりすぎると，そのために線路の部分がばらばらになることがある。鉄道労働者は線路を温かく保つために特別なヒーターを用いることができるが，火は最も安価で最も容易な手段なのである。

問：なぜ鉄道労働者は線路に火をつけるのか？

1 それは壊れた線路を修理するのに役立つ。　　2 それは毎年恒例の鉄道の伝統である。
3 それは電車をより速く走らせる。　　　　　　4 それはそれらが壊れることを防ぐ。

No.26 その試験には失敗は認められない（受験し続けるかやめるかの選択のみ）とわかる。

スクリプト

To drive a taxi in London, you must pass a series of tests called "The Knowledge." Some people say it's the most difficult test in the world, and it's almost like earning a college degree. In fact, it takes an average of four years for test-takers to prepare. Test-takers must learn everything about 25,000 streets. But failure of "The Knowledge" has never been acceptable. People can keep trying or just give up.

Question: What is one thing we learn about "The Knowledge"?

短文・質問・選択肢の和訳

ロンドンでタクシーを運転するためには，あなたは「ノリッジ（試験）」と呼ばれる一連のテストに合格しなければならない。人々の中には，それは世界で最も難しいテストであると言う者もいて，大学の学位を取得するのにほぼ等しいものなのだ。実際，受験者が準備するのに平均して4年を要する。受験者はおよそ25,000の道路をすべて覚えなければならない。しかし，「ノリッジ（試験）」の不合格は決して認められることはない。人々は挑戦し続けるか，または単に諦めるかのどちらかである。

問：私たちが「ノリッジ（試験）」について知る1つのことは何か？
1 英国人は大学卒業のためにそれが必要だ。
2 それはロンドンでどのタクシーにもある機器だ。
3 誰もこれまでそれに失敗したことがない。
4 今までにわずか25,000人だけが合格している。

No.27 オーケストラが，地元の市場で購入した野菜で楽器を作ることがわかる。

スクリプト

Vienna's Vegetable Orchestra has played nearly 300 shows around the world. Every time they have a performance, they go to local markets to buy onions, carrots, and other vegetables to make their instruments. The instruments only last about six hours before they fall apart. After a show, the vegetables they don't use are made into a soup that is served to the audience.

Question: What happens before Vienna's Vegetable Orchestra plays a concert?

短文・質問・選択肢の和訳

ウィーン・ベジタブル・オーケストラは世界中の300回近いショーで演奏している。彼らは演奏を行うときにはいつでも，自分たちの楽器を作るための玉ねぎ，人参，そして他の野菜を購入するために地元の市場に行く。その楽器はそれらがばらばらになる前におよそ6時間しかもたない。ショーの後，彼らが使わない野菜は聴衆に提供されるスープになるのである。

問：ウィーン・ベジタブル・オーケストラがコンサートで演奏する前に何が起こるか？

1　彼らは地元の市場で野菜を買う。　　2　彼らは彼らのファンのためにスープを作る。
3　彼らは6時間練習する。　　　　　　4　彼らは彼らの古い楽器を捨てる。

No.28 子供たちが郵便サービスで送られた2つの事例が挙げられていることがわかる。

スクリプト

The United States mail service began accepting packages up to 11 pounds in weight on January 1, 1913. One couple soon used the new service to mail their 8-month-old son to his grandmother a few miles away. Another family mailed their daughter to her grandparents' house by train because train tickets were more expensive. A newspaper published an article on June 14, 1913, saying that the service no longer accepted children.

Question: What is one thing we learn about the United States mail service?

短文・質問・選択肢の和訳

アメリカ合衆国の郵便サービスは1913年1月1日に最大11ポンドの重さの荷物を受け入れることから始まった。ある夫婦は，8か月になる息子を数マイル離れた彼の祖母のところに届けるために新しいサービスを利用した。また別の家族は，電車の切符がもっと高かったので，電車便によって祖父母の家に娘を届けた。新聞は，1913年6月14日，そのサービスは子供たちを受け入れないと伝える記事を掲載した。

問：私たちがアメリカの郵便サービスについて知る1つのことは何か？

1　それは以前，新聞を配達していた。　　　　　2　それは電車で物を送るよりも速かった。
3　人々は過去に子供たちを郵送することができた。　4　人々は最初，それは高すぎると思った。

No.29 時計が進んでいるのは，乗客が電車に遅れないようにするための配慮とわかる。

スクリプト

The clock at the top of a famous hotel in Edinburgh is always three minutes fast. The hotel was built above a train station in 1902. The owners of the railway wanted to make sure passengers wouldn't miss their trains, so they decided to give them an extra three minutes. Since then, the only major change to the clock occurred in the 1970s when it became an electric clock.

Question: Why is the clock above the famous hotel three minutes fast?

短文・質問・選択肢の和訳

エディンバラにある有名なホテルの上にある時計はつねに 3 分進んでいる。ホテルは 1902 年に鉄道の駅の上に建設された。鉄道の所有者は確実に乗客が電車に乗り遅れないようにしたかったので，余分な 3 分間を彼らに与えることを決めた。それ以来，時計に関する唯一の大きな変化は 1970 年代になってそれが電気時計になったことだけである。

問：なぜその有名なホテルの上にある時計は 3 分進んでいるのか？

1 鉄道が電車の時刻表を作るためにそれを用いる。
2 それを修理することは危険すぎる。
3 それは人々が電車に間に合うのに役に立つ。
4 壊れた部分は修理するのに多額の費用がかかる。

No.30 ラフィー・ステパニアンは，歩道で宝物（金やダイヤ）を探しているとわかる。

スクリプト

Raffi Stepanian works as a diamond setter, putting diamonds into jewelry. But his hobby is looking for treasure on the sidewalks in New York City's diamond district. He uses small tools to dig through the dirt and find things like gold and diamonds. Sometimes they stick to people's clothes when they walk out of stores and then fall to the ground. He can collect hundreds of dollars in a week.

Question: What does Raffi Stepanian do in New York City's diamond district?

短文・質問・選択肢の和訳

ラフィー・ステパニアンはダイヤモンドを宝石に変えるダイヤモンドセッターとして働いている。しかし，彼の趣味はニューヨーク市のダイヤモンド地区の歩道で宝を探すことである。彼は小さな道具を用いて土を掘り起こし，金やダイヤモンドのような物を見つける。時々それらは人々が店から出るときに人々の服に付着しており，地面に落ちることがある。彼は週に何百ドルを集めることができるのである。

問：ニューヨーク市のダイヤモンド地区でラフィー・ステパニアンは何をしているか？

1 彼は土の中にダイヤモンドを埋める。　　2 彼は買い物客を案内する。
3 彼は歩道で宝物を探す。　　　　　　　4 彼は彼が作る宝石を売る。

演習1　解答と解説

⇒ p.66 ～ 81

第 1 問 A

解答

問1 ①　問2 ③　問3 ③　問4 ①

解説

問1 would rather V は「むしろ V したい」という意味なので，話し手は外出すること
を望んでいないことがわかる。

スクリプト

It's the perfect weather to walk around in the park, but I'd rather be at home
reading a book today.

和訳

公園で散歩をするのに申しぶんのない天気だけれど，今日はむしろ家で読書をしていたい。

①話し手は外出したくない。　　　　　　②話し手は家で読書をしたくない。

③話し手は公園で読書をしたい。　　　　④話し手は公園で散歩をしたい。

問2 keep は「保つ，自分の物とする」という意味の動詞。「あなたはそれを自分の物
とすることができる」とは，話し手がセーターを手放すことを示しているとわかる。

スクリプト

The sweater is too small for me now. You can keep it if you like.

和訳

そのセーターはもう私には小さすぎる。よかったらあなたにあげます。

①話し手はそのセーターを着たくない。　　　　②話し手はセーターを取っておくつもりだ。

③話し手はセーターを手放してもよいと思っている。④話し手はセーターのサイズを知りたい。

問3 leave ～ for ... は「～を去って…に向かう」，be missed は「いなくて残念に思わ
れる」という意味の表現。これらから，ジョンは友人たちと別れることがわかる。

スクリプト

John is leaving this town for his home country soon. He will be missed by his
many friends.

和訳

まもなくジョンはこの町を離れて母国に帰ることになっている。彼は多くの友達に惜しまれる
だろう。

①ジョンはまだこの町で友達がいない。　　　　②ジョンはこの町に住むことにした。

③ジョンは多くの友達に別れを告げなければならない。④ジョンは自国の友達に会えなくて寂しい。

問 4 should have Vpp は「V するべきだったのに」という意味で，過去の行動を悔いるときに用いる表現。そこから，トムは嵐の中，外に出ていったことがわかる。

スクリプト

It's not safe to go out in a storm like this. We should have stopped Tom from doing so.

和訳

このような嵐の中で外出するのは危ない。私たちはトムがそうするのをとめるべきだった。

①話し手は家にいたがトムは外に出ていった。　②話し手はトムと一緒に家にいた。

③話し手はトムに家にいるように言ってトムは同意した。　④話し手はトムと一緒に外に出た。

第 1 問 B

解答

問 1 ④ **問 2** ④ **問 3** ③

解説

問 1 before ～は「～をする前に」という意味の前置詞。until は SV を伴って「S が V するまで」という意味になる接続詞。食べ物を注文する前にコーヒーを注文しておいたのに，食事を終えるまでコーヒーは提供されなかったのである。

スクリプト

I ordered coffee before ordering food. Unfortunately my coffee didn't arrive until I finished eating my food.

和訳

私は料理を注文する前にコーヒーを注文した。残念なことに，コーヒーは料理を食べ終わるまでやってこなかった。

問 2 must have Vpp は「V したに違いない」という過去のことを推量する表現。otherwise は「さもなければ」という意味で，仮定的な内容を後ろに伴って使う副詞。ボブが列車にいないことがわかる。

スクリプト

Bob must have forgotten the time this train departs. Otherwise, he should be in this seat by now.

和訳

ボブはこの列車が出発する時間を忘れたに違いありません。さもなければ，彼は今ごろこの席にいるはずです。

問 3 When S V は「S が V するとき」という意味のカタマリを作る。また，on one's way ～は「～の途中で」という意味であることから，自転車通学のアリスが家に着くときには，徒歩通学のマイクはまだ帰宅途中であることがわかる。

Mike walks to and from school while Alice uses her bike. When Alice gets home after school, Mike is still on his way home.

和訳

マイクは徒歩で通学しているが，アリスは自転車通学だ。放課後アリスが家に帰り着いたときに，マイクはまだ帰宅の途中である。

第2問

解答

問1 ④ 問2 ③ 問3 ② 問4 ①

解説

問1 男性の最初の発言から，ジョンは以前サッカーと野球でスター選手であったことがわかる。used to V は「以前～したものだ」という現在との対比を示す表現。それに対し，女性はジョンが現在はバスケット部に属していることを確認している。belong to ～は「～（部活など）に属する」という意味。男性の最後の発言に出てくるテニスについては，大学に入ったらやってみたいという未来の話であり，現在の話ではない。

スクリプト

W: Did you know John is good at every sport?
M: Yes, he used to be a star player both in soccer and baseball in junior high.
W: Really? But now he belongs to the basketball club, doesn't he?
M: What is more, I heard he wants to take up tennis seriously once he enters college.
Question: What kind of sport does John regularly do now?

和訳

女：ジョンがスポーツ万能だって知ってた？
男：ああ，彼は中学校でサッカーと野球の両方でスター選手だったんだ。
女：本当に？　でも今はバスケットボール部に所属しているのよね。
男：おまけに，大学に入ったらテニスに真剣に取り組みたいそうだよ。
問：今ジョンが定期的にしているスポーツは何か？

問2 男性の最初の発言に「1つのスーツケース」と「2つの機内持ち込みの手荷物」とある。それに対する女性の発言によれば，その2つの手荷物のうち1つは大きさ制限を超過しているカバンで，もう1つはショルダーバッグである。したがって，男性の荷物はスーツケース1つと大きめのカバンとショルダーバッグの3点であることがわかる。

スクリプト

W: Do you have any bags to check?

M: Yes, I just have one suitcase, and these two are my carry-on baggage.

W: Well, I'm afraid this bag exceeds the size limit. The shoulder bag is OK.

M: Do you mean I can bring only one bag aboard?

Question: Which is the man's baggage?

和訳

女：お預けになるお荷物はございますか？

男：はい，スーツケースが1つだけあり，こちらの2つは機内持ち込みの手荷物です。

女：ええと，このカバンは大きさの上限を超えているようです。ショルダーバッグは大丈夫です。

男：私は1つしか機内に持ち込めないということですか？

問：男性の荷物はどれか？

問3 まず男性の最初の発言の our flight to Sapporo（私たちの札幌行きの便）から，彼らの目的地が札幌とわかる。その次の女性の発言から，その便は定刻通りであることがわかる。on time は「時間通り，定刻通り」という意味。さらに，次の男性の発言から，現在時刻は10時半で，フライトまで1時間を切っていることがわかる。less than ～は「～より少ない」という意味の表現。以上の情報があてはまるものを選ぶ。

スクリプト

M: Let's check our flight to Sapporo with the flight information board over there.

W: It says some of the flights are delayed or cancelled, but ours is on time.

M: Great! Oh, it's already 10:30. We have less than an hour before our flight.

W: That's right. We'd better hurry up.

Question: Which sign board are they looking at?

和訳

男：私たちの札幌行きの便をあそこの運行情報の掲示板でチェックしてみよう。

女：いくつかの便は遅延や欠航をしているけれど，私たちの便は定刻通りとあるわ。

男：よかった！ おや，もう10時半だ。出発まで1時間を切っているよ。

女：そうね。私たち，急いだ方がいいわね。

問：彼らはどの掲示板を見ているのか？

問4 男性は最初の発言で, in front of the hut（小屋の前）を提案した。in front of ～は「～の前に」という意味の表現。その発言に対し，女性は，湖の反対側の静かな場所がいいと述べている。on the other side of ～は「～の反対側の」という意味の表現。続けて，男性はそれが木に囲まれた場所であることを確認しているが，女性は木からは距離を置きたいと述べている。女性の発言の最後にある them は trees を指している。

スクリプト

M: How about in front of the hut?

W: Well, I prefer a quieter place on the other side of the lake.

M: That's fine with me. The one surrounded by trees, then?

W: We are going to build a fire, right? So, we should be far enough away from them.

Question: Where will they set up a camp?

和訳

男：山小屋の前はどうかな？

女：でも，私は湖の反対側のもっと静かな場所の方がいいわ。

男：いいよ。じゃあ，木に囲まれているところかい？

女：私たちはたき火をするんでしょう？　だったら，木から十分遠いところにするべきよね。

問：2人はどこでキャンプをするだろうか？

第3問

解答

問1 ① 問2 ④ 問3 ② 問4 ①

解説

問1 妹の最初の発言で，今日は兄がサイクリングに行く（go cycling）予定であることを話題にしている。続けて，兄が，自転車の調子が悪いが修理する時間がない（だから自転車を置いて出かける）と述べている。fix は「修理する」という意味の動詞。妹の，サイクリングをやめる（skip cycling）のか？という問いかけに対し，兄は，友達が自転車を貸してくれると述べている。lend は後ろに「人＋物」をとって「人に物を貸す」という意味で使われる。

スクリプト

W: You are supposed to go cycling with your friends today. Why are you leaving without your bike?

M: Well, something is wrong with my bicycle, and I don't have time to fix it.

W: So, you're going to skip cycling?

M: Oh, no. One of my friends was kind enough to lend me one of his bikes. So, I'm going to his house.

和訳

女：兄さんは今日，友達とサイクリングに行くはずでしょ。なぜ自転車を置いて出かけるの？

男：ああ，僕の自転車が故障していて，修理している時間がないんだ。

女：じゃあ，サイクリングはやめるの？

男：いや，違うよ。友達の1人が親切にも自分の自転車の1台を貸してくれるんだ。だから，彼の家まで行くんだよ。

問：男性は今日何をするつもりか？

① サイクリングに行く　② 自転車を修理する　③ 新しい自転車を注文する　④ 友達の家で過ごす

問2 女性は最初の発言で，学園祭で（at the school festival）会ったと述べている。それに対し男性は，あなたがいたブースで（at your booth）買い物をしたと述べている。また，男性が最後の発言で，自分の学園祭で（at my school festival）同じようなブースを出すことを考えていると述べていることから，2人は別の学校であることがわかる。

スクリプト

M: Excuse me, but haven't we met somewhere before?

W: I think so. Perhaps we might have met at the school festival last week.

M: That's right! Now I remember buying cookies at your booth at the charity bazaar.

W: You bought a lot of cookies then, didn't you?

M: Yes. I'm thinking of setting up a booth similar to yours at my school festival.

和訳

男：失礼ですけど，僕たち前にどこかで会っていますか？

女：そうだと思います。たぶん，先週の学園祭でお会いしたかと思います。

男：そうです！　慈善バザーであなたの模擬店でクッキーを買ったのを今思い出しました。

女：あのとき，あなたはたくさんクッキーを買ってくれたんですよね？

男：はい。僕も自分の学園祭であなたのと同じような模擬店を出すことを考えているんです。

問：2人の関係はどのようなものか？

①店員とお客　　②先生と生徒　　③同じ学校の新入生　　④異なる学校の生徒

問3 学内でのスマホ利用の禁止について，少女は just a rumor（単なるうわさ）と述べている。その理由として，教師に尋ねたと言っており，教師の回答に just planning an experiment on 〜（〜に対する実験を計画している）とあったため，すぐに校則になるわけではないと考えていることがわかる。how to V は「V する方法」という意味。

スクリプト

M: Everyone is talking about new school rules that will ban students from using their smartphones on campus.

W: I also heard about it, but I'm sure it's just a rumor.

M: Why do you think so?

W: I asked some teachers myself. They said they were just planning an experiment on how to use them wisely. I think it is a good idea.

和訳

男：生徒に学内でスマホを使うことを禁止する新しい校則のことをみんなが話しているよ。

女：それは私も耳にしたけれど，単なるうわさにすぎないわ。

男：どうしてそう思うんだい？

女：私自身が何人かの先生に尋ねたのよ。先生たちはその賢い使い方の実験を計画しているだけだと言っていたの。それっていい考えだと思うわ。

問：少女は新しい校則についてどう思っているのか？

①生徒はそれについて先生に尋ねるべきだ。　②そのような校則はすぐには作られないだろう。
③それはよいことだ。　④それは賢く計画されるべきだ。

問4 卒業後の住居に対して，女性は，最初，It depends.（場合による。）と述べている。さらに，女性の2つ目の発言では，On the other hand「一方で」という対比を表す表現を用いて，とどまりたい気持ちと，新しい場所に行きたい気持ちの両方について述べている。feel like ～ing は「～したい気がする，～の気持ちがある」という意味の表現。

スクリプト

M: After graduation, are you going to stay in this town or leave?
W: It depends. I will stay if I can go to a college close to home.
M: I'm sure it would save a lot of time and money to commute from your parents' home.
W: On the other hand, I also feel like living on my own in a new place. I'm not sure. Maybe I should live in a college dorm or an apartment in a different town.

和訳

男：卒業した後は，この町にとどまるの，それとも出ていくつもりなの？
女：場合によるわ。家に近い大学に行くことができるのならとどまるでしょうね。
男：ご両親の家から通学すれば，きっとずいぶん時間と費用の節約になるよ。
女：一方で，新しい場所で一人暮らしをしてみたい気もするの。どうかしらね。たぶん別の町で大学寮とかアパートに住むべきかも。
問：女性は卒業後にどこに住むつもりか？
①彼女はまだ決めていない。　②彼女は別の町のアパートに住むつもりだ。
③彼女は別の町の大学寮に住むつもりだ。　④彼女は両親と一緒にいるつもりだ。

第4問 A

解答

問1 1 ④　2 ②　3 ①　4 ③　**問2** 1 ④　2 ⑤　3 ⑤　4 ①

解説

問1 最初の文に該当するイラストはなし。2文目には changed into sweatsuits（ジャージに着替えた）とあり，その後で harvesting radishes（ダイコンを収穫する）と述べていることから，④が 1 に入る。3文目に該当するイラストはなし。4文目には，昼食後に cleaned the inside of a barn（牛舎の中を掃除した）とあるため，②が 2 に入る。5文目に該当するイラストはなし。6文目には，農場を出るときに took pictures（写真を撮った）とあることから，記念撮影をしている①が 3 に入る。7文目（最終文）には，その次の週に make a presentation（プレゼンテーションを行う）という機会があったことが述べられているため，③が 4 に入る。

(1) We arrived at the farm early in the morning. (2) As soon as we changed into sweatsuits, we started harvesting radishes. (3) When we finished gathering enough of the crop, it was almost lunchtime. (4) After lunch we cleaned the inside of a barn which kept a number of cows. (5) It was hard work, but those cows were so cute. (6) When we left the farm we took pictures with the owner of the farm. (7) The following week, we had a chance to make a presentation on this unique program.

和訳

(1) 私たちは早朝に農場に着きました。(2) ジャージに着替えるとすぐに，ダイコンの収穫を始めました。(3) 十分な量を収穫し終えた頃には，ほぼ昼食の時間になっていました。(4) 昼食の後，たくさんのウシを飼っている牛舎の中を掃除しました。(5) 大変な作業でしたが，そこにいるウシはとてもかわいらしかったです。(6) 農場を離れるときには，農場の主人と一緒に写真を撮りました。(7) 翌週には，このユニークなプログラムについてプレゼンテーションをする場がありました。

問2 1 は，最終文で，2時間レッスンを20回受講すると3レッスンが無料になると述べられていることから考える。Group Lesson は，英文にも表にもあるように1時間につき2,000円なので，2時間レッスンは1回あたり4,000円である。その3回分である12,000円が無料になるので，80,000円－12,000円＝68,000円になることがわかる。

2 は，最後から2つ目の文に，1時間レッスンを20回受講すれば2レッスンが無料になると述べられている。Private Lesson は1時間につき4,000円なので，2回分なら8,000円。80,000円からその金額を引いた72,000円が解答とわかる。

3 は，最後から3つ目の文に，2時間レッスンの10回受講で1レッスンが無料になると述べられている。Private Lesson は1時間につき4,000円なので，2時間レッスンの1回分は8,000円。80,000円からその金額を引いた72,000円が解答とわかる。

4 は，1時間レッスンを10回受講した場合の割引についてはどこにも述べられていないので，そのまま計算する。Online Lesson は1時間につき3,000円なので，10回受講すると30,000円となる。

スクリプト

This is the list of school fees at our Japanese language school. We offer group lessons, private lessons, and online lessons. The prices are 2,000 yen, 4,000 yen, and 3,000 yen per hour respectively. This month, we are having a special campaign and are offering three kinds of discounts. First, if students take ten 2-hour lessons, one lesson will be free. Also, if students take twenty 1-hour lessons, two lessons will be free. Finally, if students take twenty 2-hour lessons, three lessons will be free.

これは我々の日本語学校の学費リストです。当校は，グループレッスン，プライベートレッスン，オンラインレッスンを提供しています。料金は，それぞれ 1 時間あたり 2,000 円，4,000 円，3,000 円です。今月は，特別キャンペーンを実施しており，3 種類の割引を用意しています。まず，生徒が 2 時間のレッスンを 10 回受けると，1 回分のレッスンが無料になります。また，1 時間レッスンを 20 回受講する場合は，2 回分が無料となります。最後に，2 時間のレッスンを 20 回受けると，3 回分のレッスンが無料になります。

第 4 問 B

解答

問 1 ④

解説

問 1 ジェイクは，条件 C の交換留学制度に対し do away with it（それを廃止する）と述べているので×。ケイトは，条件 A の始業時間に対し school to start earlier（より早く学校を開始させる）と述べているので×。ピーターは，条件 B の図書館に関して need more desks（より多くの机を必要とする）と述べ，利用時間については述べていないので×。

スクリプト

1. Hi, everyone. I'm Jake. I think a lot of students wish we had more time in the morning. I completely agree with them. Let's start school at 9 instead of at 8. Also, they want to use the library longer. I will see what I can do about that. Finally, the current student exchange program is not working well. So, I propose we do away with it.

2. Hi. I'm Kate. If I am elected student council president, I will demand school to start earlier so that we can go home earlier to do our own things. Then, I will ask the school to let us use the library for longer hours. Also, the school should make the current student exchange program available to more people.

3. I'm very happy to be here as a candidate for the student council president. I am Peter. I myself have a hard time waking up in the morning. So, I am all for delaying the starting time of school. Also, we need more desks in the library so that more students can study there. We now have a very good student exchange program, but I see more room for improvement.

4. Hi. My name is Vicky. Once elected, I will negotiate with the school to bring about real changes to this school. First, school should start later so that we can have enough sleep before class. Second, the library should be kept open for longer hours. Third, we need to expand our student exchange program.

1. こんにちは，皆さん。ジェイクです。多くの生徒が朝もっと時間あればいいのにと考えていると思います。私もまったく同意見です。8時ではなく9時から学校を始めましょう。また，その人たちは図書館をもっと長時間使いたいと考えています。私はそのために何ができるか検討します。最後に，現在の交換留学プログラムはうまく機能していません。したがって，私はそれを廃止することを提案します。

2. こんにちは。ケイトです。私が生徒会長に選出されたら，早く家に帰って自分のしたいことができるように，学校を早めに始めることを要求します。そして，図書館をもっと長時間使えるよう学校に求めます。また，学校は今の交換留学プログラムをもっと多くの人が利用できるようにするべきです。

3. 生徒会長の候補者としてこの場にいられてとてもうれしいです。私はピーターです。私自身，朝起きるのに苦労しています。ですから，私は学校の始業時間を遅らせることに大賛成です。また，より多くの学生が勉強できるように，図書館にはもっと多くの机が必要です。今，この学校にはよい交換留学プログラムがありますが，まだまだ改善の余地があります。

4. こんにちは。私の名前はヴィッキーです。私が当選したら，学校と交渉して，この学校に本当の変化をもたらします。まず，授業の前に十分な睡眠が取れるように，学校はもっと遅い時間に始める必要があります。第二に，図書館はもっと長い時間開けておく必要があります。第三に，交換留学プログラムを充実させる必要があります。

第5問

解答

問1 (a) ☐1 ② **(b)** ☐2 ① ☐3 ② ☐4 ⑤ ☐5 ④ ☐6 ③ ☐7 ③ **(c)** ③
問2 ③

解説

問1 (a) ☐1 は，第2段落の最終文の後半で，自動運転車は100人中の90人の命を救ってくれるかもしれない（they may save the lives of 90 out of 100 people）という発言があることから，10人まで減少すると考えることができる。

問1 (b) ☐2 は，第3段落の最後から2つ目の文で，大半の自動運転車の販売はレベル2に注力している（most car manufacturers focus on the sales of self-driving cars at Level 2）という発言から，レベル2は市場に出回っていると考えることができる。

☐3 は，第3段落の最終文の前半に，レベル3の車はまだ市場にまったく出回っていない（There is no Level 3 car on the market yet）とあるので，開発途上と考えられる。

☐4 に該当するレベル2についての詳細は，第3段落の7文目（At Level 2, ～）から9文目。レベル2ではドライバーを支援してくれたり，独自の作業を行ってくれたりするが，すべての操作を受け持つのはドライバーであると述べている。

☐5 に該当するレベル3についての詳細は，第3段落の10文目（At Level 3, ～）から12文目。自動運転が本当の意味合いで行われる段階である一方，緊急時にはドライバーが制御を引き継ぐ必要があるといった内容のことが述べられている。

6 に該当するレベル4についての詳細は，第3段落の13文目（At Level 4, ～）。すべての重要な機能が，安全な状態のときには車単独で制御されるという内容のことが述べられている。

7 に該当するレベル5についての詳細は，第3段落の14文目（The self-driving car at Level 5 is ～）から15文目。自動運転の最も進化した段階であり，人間の関わりを必要としないという内容のことが述べられている。

問1 (c) ①は，第3段落の12文目で述べられている内容と異なるので×。②は，第3段落の11文目に the self-driving car in a real sense starts from this level（本当の意味での自動運転車はこのレベルから始まる）とあり，ここでの this level とはレベル3のことなので×。④は，第3段落の最終文で，レベル4と5は言うまでもなく，レベル3の車もまだ市場に出回っていないと述べられているので×。

スクリプト

第1段落 Today, a lot of car manufacturers as well as IT companies have committed to developing self-driving cars. Several benefits of such vehicles are pointed out. Since traffic would be more efficient, they may decrease traffic jams, reduce harmful CO_2 emissions, eliminate the trouble of parking, and so on. Above all, they would decrease the number of victims of traffic accidents. In 2018, about 37,000 deaths in the U.S. and about 1.3 million deaths all over the world in 2016 were due to traffic accidents.

第2段落 Today's cars are equipped with various safety features such as seat belts and air bags. However, they alone are not enough. They are passive safety systems in that they function after an accident happens. On the other hand, self-driving cars are expected to prevent an accident occurring in the first place. In fact, it is estimated that nearly 90 percent of deaths by car accidents are due to human error. If self-driving cars could help us reduce such errors, they may save the lives of 90 out of 100 people.

第3段落 (1) Next, let me explain the current status of development of self-driving cars. (2) There are five technological levels for them. (3) For a traditional car, the driver performs all the operations such as steering, braking, accelerating or slowing down. (4) At Level 1 of automation, the car can assist with some functions, but the driver basically handles all the operation. (5) For example, the car will help you brake a little harder when you get too close to another car in front of you. (6) Such cars are now common in the market. (7) At Level 2, the car can assist the driver with steering or acceleration functions. (8) It also allows the car to do some tasks independently. (9) However, the driver is still responsible for the entire operation. (10) At Level 3, the car monitors the surroundings and can perform critical functions such as steering, accelerating and braking. (11) So, we can say that the self-driving car in a real sense starts from this level. (12) However, the driver has to keep monitoring and take over the control during an emergency. (13) At Level 4, the car controls all the critical

146

functions independently when conditions are safe. (14) The self-driving car at Level 5 is the most advanced and requires no human involvement. (15) In an extreme case, the driver can play games on the smartphone throughout the journey. (16) Currently, most car manufacturers focus on the sales of self-driving cars at Level 2. (17) There is no Level 3 car on the market yet, not to mention Levels 4 and 5.

和訳

第1段落 今や多くの自動車メーカーもIT企業も自動運転車の開発に取り組んでいます。そのような車について，いくつかの利点が指摘されています。車の往来がより効率的になるため，交通渋滞を減らし，有害な二酸化炭素の排出量を削減し，駐車の手間を省くなどしてくれます。とりわけ，交通事故の犠牲者の数を減らしてくれるでしょう。2018年に全米で約37,000の死者，2016年に世界中で約130万の死者が交通事故を原因としています。

第2段落 現在の車にはシートベルトやエアバッグなどさまざまな安全機能が装備されています。しかし，それだけでは十分ではありません。どれも事故が起こった後に作動するという点で，受動的な安全システムです。一方，自動運転車はそもそも事故が発生することを防ぐと期待されています。実際，自動車事故による死亡件数の90％近くが人為的ミスによるものと推定されています。自動運転車がこのようなミスを減らすのに役立つのなら，100人中90人の命を救ってくれるかもしれません。

第3段落 (1) 次に，自動運転車の開発の現状について説明しましょう。(2) それには5つの技術レベルがあります。(3) 従来の車の場合，ドライバーはハンドル操作，ブレーキ，加速，減速などのすべての操作を実行します。(4) 自動化のレベル1では，車はいくつかの機能の補助をしてくれますが，ドライバーは基本的にすべての操作を行います。(5) 例えば，あなたが目の前の車に近づきすぎると，車は少し強くブレーキをかけるよう助けてくれます。(6) そのような車は市場でも今現在よく見かけます。(7) レベル2では，ハンドル操作や加速でドライバーを支援してくれます。(8) また，車が独自にいくつかの作業を行ってくれます。(9) ただし，ドライバーは引き続きすべての操作を受け持ちます。(10) レベル3では，車は周囲の状況を監視し，ハンドル操作，加速，ブレーキなどの重要な機能を担当します。(11) つまり，本当の意味での自動運転車はこのレベルから始まると言えます。(12) しかし，ドライバーは監視を続け，緊急時には制御を引き継ぐ必要があります。(13) レベル4では，安全な状態のときに，車がすべての重要な機能を単独で制御します。(14) レベル5の自動運転車は最も高度で，人間が関わる必要がまったくありません。(15) 極端な例では，ドライバーは移動中にスマホでゲームをすることさえできます。(16) 現在，大半の自動車メーカーはレベル2での自動運転車の販売に注力しています。(17) レベル4と5は言うまでもなく，レベル3の車はまだ市場にまったく出回っていません。

問1(c) ①ドライバーはレベル3の自動車にはつねに運転を任せることができる。

②レベル5の車のみ「本物の自動運転車」と呼ぶことができる。

③レベル2の自動運転車とレベル3のそれとの間には大きな違いがある。

④自動運転車はレベル1〜レベル4までの物は購入できるが，レベル5は購入できない。

〈参考〉ワークシート

○ 自動運転車の利点
　・交通渋滞を減らす
　・有害な二酸化炭素の排出量を削減する
　・駐車を簡単にする
　・交通事故による死者数を減らす：死者 100 人 ⇒ [1] 10 人に減らす
○ 自動運転の 5 レベル

自動化レベル	状態	主な操縦者
レベル 1：運転支援	市販されている	ドライバー
レベル 2：部分的な自動化	[2] 市販されている	[4] ドライバー
レベル 3：条件付き自動化	[3] 開発途上	[5] 車とドライバー
レベル 4：高度な自動化	開発途上	[6] 車
レベル 5：完全な自動化	開発途上	[7] 車

問2 交通事故における歩行者の死亡数の増加について考察しており，理由ははっきりしないものの，人間の操作ミスが誘因となっていることが述べられている。そのようなミスを防ぐことができる自動運転車によって，歩行者の死亡数も減らせるのではないかという，自動運転車の可能性を示唆していると考えられる。

スクリプト

Without a doubt, the self-driving car will increase the safety of drivers. Then, how about pedestrians? As you can see from this graph, pedestrian deaths have risen sharply in the United States in recent years. In 2018 it was 6,590, the highest level ever recorded. We are not sure about the exact reason for the increase, but some blame the increasing use of smartphones while driving while others say the number of elderly drivers has increased, which tends to result in more driving errors. In any case, human factors are involved here again.

和訳

間違いなく，自動運転車はドライバーの安全性を高めてくれます。では，歩行者はどうでしょうか。このグラフからわかるように，米国では近年になって歩行者の死亡が急増しています。2018 年には，これまでに記録された最多の 6,590 人でした。この増加の正確な理由ははっきりわかりませんが，運転中のスマホ使用の増加が原因だとする人もいれば，高齢者のドライバーの数が増え，それが運転ミスを増やしがちにしているとする人もいます。いずれにせよ，ここにも人的要因が関わっているのです。

①運転中はスマートフォンの使用をやめるべきだ。

②自動運転車が普及しても歩行者の死亡者数は増えるだろう。

③自動運転車は歩行者の死亡者数を減らすのにも役立つだろう。

④最近の歩行者の死亡者数の増加は自動車の不具合が原因だ。

第6問 A

解答

問1 ③ **問2** ③

解説

問1 エリックは，総じて，アニメが日本語学習に役立つことを主張している。すべての人に対して，アニメを見ることを推奨しているわけではないので②は×。④は，アヤの発言に関連したものであり，エリックの発言の全体の主旨にはなっていないので×。

問2 アヤの2つ目の発言から，教科書や授業を通して学ぶことの方が効果的であり，アニメを通しての日本語学習には懐疑的な立場であることがわかる。アヤの3つ目の発言にある I doubt S V ～は「S が V するとは思えない」という意味になることに注意。

スクリプト

Aya: You speak very fluent Japanese, Eric. When and how did you learn Japanese?

Eric: Well, I learned by watching a lot of anime, Japanese animation, back in America.

Aya: Really? Why did you watch anime? I think it's more effective to use standard textbooks or attend classes.

Eric: It depends. For one thing, I wanted to study at my own pace. Also, it helps you not only to improve your listening skills but also to understand Japanese culture.

Aya: Still, I doubt it's a good way to learn a foreign language. I sometimes watch American animated films and enjoy them, but I often find it difficult to understand some English lines.

Eric: Of course, I needed the help of subtitles to understand the story at first. Then I looked up some phrases I often heard or that sounded interesting in my dictionary.

Aya: I see. Now I understand why you sometimes use very colloquial expressions like "yabai!" "majikayo!" and "ukeru!"

和訳

アヤ：エリック，あなたってとても流ちょうな日本語を話すわね。いつ，どうやって日本語を学んだの？

エリック：ええと，僕は米国にいたとき，たくさんのアニメ，日本のアニメーションを見ることで勉強したんだ。

アヤ：本当に？　なぜアニメを見たの？　標準的な教科書を使ったり，授業に出たりする方が効果的だと思うわ。

エリック：それは場合によるね。第一に，僕は自分のペースで勉強したかったんだ。それから，アニメはリスニング力を伸ばすだけでなく，日本の文化を理解するのにも役立つんだよ。

アヤ：それでも，それが外国語を学ぶよい方法だとは思えないわ。私も米国のアニメ映画を見て楽しむこともあるけれど，いくつかの英語のセリフは理解しにくいとたびたび感じるわ。

エリック：もちろん，最初はストーリーを理解するのに字幕の助けが必要だったよ。その後で，よく耳にしたり，おもしろく響いたりしたフレーズの意味を辞書で調べたんだ。

アヤ：なるほど。それで，どうしてあなたがときどき「やばい！」「まじかよ！」「うける！」のような，とてもくだけた表現を使うのかがわかったわ。

問1：エリックの発言の主旨は何か？

①アニメは日本の文化の重要な一部分だ。

②誰もがアニメを見ることで日本語を学ぶべきだ。

③一部の人にとって，アニメを見ることは日本語を学ぶよい方法だ。

④アニメを通して日本語のくだけた表現を数多く学ぶことができる。

問2：アヤの発言の主旨は何か？

①外国のアニメの方が日本のアニメよりも楽しめる。

②外国語は家庭でよりも学校での方がよく学ぶことができる。

③言語をうまく身につけるためには，アニメに頼るべきではない。

④アニメを見なくてもくだけた表現を学ぶことができる。

第6問　B

解答

問1 ②　問2 ③

解説

問1 サラは，漢字を学ぶことについて，アニメの字幕を見ることで学習の大変さを和らげると一定の理解を示している。しかし，何度も一時停止させて書き取ることは，時間がかかりすぎてストーリーを楽しめないという問題点についての発言もしている。

問2 ①は国別の日本アニメ契約率を示したもの，②は日本語を起源とする英単語のリストで，いずれも本文の内容とは無関係。③は日本語の難しい点をテーマにしており，漢字の難しさが上位にきている。サラは，文字を学ぶ難しさについて取り上げていたことから，この③が正解となる。④は英語話者が学ぶのに最も難しい言語を示したもので，これも本文の内容とは無関係である。

スクリプト

Professor Smith: So, anime can assist you in your Japanese language learning. Many educators agree that using anime in your study increases your motivation and deepens your understanding of the cultural background in which the language is spoken. Now, I want to hear your comments on using anime in your study. Yes, Joey.

Joey: To tell you the truth, I've been watching Japanese anime since I was a little kid. But I'm afraid I may have picked up improper vocabulary because anime uses a lot of slang and casual language. They are so different from what I've learned in the classroom.

Professor Smith: Of course, anime can't replace your formal study of the language. You should start using anime after you've learned standard Japanese so you can tell the difference between formal and informal expressions. Then it will help you improve your listening and speaking abilities.

Joey: That's encouraging. Thank you.

Professor Smith: Anyone, else? Yes, Sarah.

Sarah: I have a very hard time learning Japanese characters, especially kanji. I'm sure we all feel the same way. I want to use my favorite anime to ease the pain.

Professor Smith: OK. Some anime come with Japanese subtitles. They can help you learn kanji.

Sarah: That's nice, but I'd have to pause the anime from time to time to read the subtitles and write them down. It takes too much time, and I won't enjoy the story.

Professor Smith: In that case, I recommend you read manga. Anime are often based on original manga series.

Sarah: Oh, that's a good idea. It may be worth trying. Thank you.

Alex: Professor, may I ask you a question?

Professor Smith: Sure, Alex. Please go ahead.

Alex: I would like to use anime for my study of Japanese. On the other hand, English is not my mother tongue. How can I use anime to improve my English?

Professor Smith: Well, I can suggest two things. First, you can turn on the English subtitles and read them while viewing the anime. Second, some anime films are dubbed in English. So, you can also improve your listening ability. [starts to fade out]

和訳

スミス教授：ですから，アニメはあなたの日本語学習の助けとなってくれます。多くの教育者も，あなたの学習にアニメを使えば，あなたの意欲を高め，その言語が話される文化的背景の理解が深まると意見が一致しています。さて，あなたの学習にアニメを使うことについての，皆さんの意見を聞きたいと思います。はい，ジョーイ。

ジョーイ：実は，僕は小さい頃から日本のアニメを見てきました。でも，アニメはスラングやくだけた言葉をたくさん使っているので，不適切な語彙を身につけてしまったのではないかと心配です。それらは教室で学んだものとはかなり異なっています。

スミス教授：もちろん，アニメは言語の正規の学習に取って代わることはできません。標準的な日本語を習得した後でアニメの活用を始めるべきで，そうすれば改まった表現とくだけた表現の違いを見分けられます。次には，あなたのリスニングとスピーキングの能力を伸ばすのに役立つでしょう。

ジョーイ：それは励みになります。ありがとうございました。

スミス教授：誰か他に？　はい，サラ。

サラ：私は日本語の文字，特に漢字を学ぶのにとても苦労しています。きっと，私たちはみな同じように感じているはずです。その苦労を和らげるために，私は好きなアニメを使いたいと思います。

スミス教授：いいですね。アニメの中には日本語字幕が付いているものがあります。それらは漢字を学ぶのに役立つでしょう。

サラ：それはいいのですが，字幕を読んでそれを書き留めるために，私は何度もアニメを一時停止しなければならないでしょうね。それは時間がかかりすぎますし，ストーリーが楽しめないでしょう。

スミス教授：それだったら，マンガを読むことをおすすめします。アニメはしばしば原作の連載マンガを基にしていますから。

サラ：ああ，いい考えです。試す価値があるかもしれません。ありがとうございました。

アレックス：教授，質問をしてもよろしいでしょうか。

スミス教授：もちろんです，アレックス。どうぞ。

アレックス：私は日本語の勉強にアニメを利用したいと思います。その一方，英語は私の母国語ではありません。アニメを使って英語を上達させるにはどうしたらいいですか。

スミス教授：そうですね，私は２つのことを提案できます。まず，英語の字幕を表示するようにして，アニメを見ながら読むといいでしょう。第二に，アニメ映画の中には英語で吹き替えられているものがあります。ですから，リスニング能力を高めることもできます。［フェードアウトし始める］

演習 2　解答と解説

⇒ p.86 ～ 101

第 1 問　Ⓐ

解答

問 1 ④　**問 2** ③　**問 3** ②　**問 4** ①

解説

問 1 卵と野菜は十分にある（enough ～）と述べている。run out of ～（～を切らしている）からミルクが足りないことがわかる。

スクリプト

We have enough eggs and vegetables for the weekend. We have just run out of milk.

和訳

週末用の十分な卵と野菜はあります。牛乳だけ切らしています。

①話し手は何も必要としていない。　　　　②話し手には週末用のミルクは十分にある。
③話し手は卵と野菜を手に入れる必要がある。　④話し手はミルクを手に入れる必要がある。

問 2 How can I V ～？は「私はどのようにして～できるだろうか？」という意味の反語的な表現。アドバイスに対して非常に感謝していることがわかる。

スクリプト

I was able to do well in the interview. How can I thank you for your advice?

和訳

面接はうまくいきました。あなたのアドバイスには，お礼のしようもありません。

①話し手は，そのアドバイスが果たして役に立ったのかどうかわからない。
②話し手は，そのアドバイスが役に立たなかったと思っている。
③話し手は，そのアドバイスがとても役に立ったと思っている。
④話し手は，面接でうまい受け答えをする方法を知りたい。

問 3 without は「～なしで」という意味の前置詞。辞書なしで読めたと述べている。

スクリプト

The book is written in easy English, so Yoko was able to read it without a dictionary.

和訳

その本は易しい英語で書かれているので，ヨウコは辞書を使わずに読むことができた。

①ヨウコは辞書なしではその本を読めなかった。
②ヨウコはその本を読むのに辞書が必要ではなかった。
③ヨウコはその本を読むのに辞書を使った。　④ヨウコは楽に英語を書くことができた。

問 4 look forward to 〜は「〜を楽しみにする」という意味の表現で，この to は前置詞なので，後ろには名詞や動名詞がくる。最後の make it は「成功する，成し遂げる」という意味だが，その前に can't があるので，コンサートには行けなかったことがわかる。

I've been looking forward to going to the concert tomorrow, but something came up and I can't make it.

明日コンサートに行くのを楽しみにしていたけれど，用事ができて行けなくなった。

①話し手はコンサートに行かないだろう。　②話し手はコンサートに出席しなければならない。
③話し手はコンサートのために何か作る必要がある。　④話し手はコンサートの情報を探している。

第 1 問 B

解答

問 1 ②　**問 2** ②　**問 3** ③

解説

問 1 the moment S V は「S が V すると直ちに」という意味のカタマリ。「部屋に 1 人で残されると直ちに」となるので，1 人になった部屋で電話をかけていることがわかる。

スクリプト

The moment she was left alone in the room, she took out a smartphone from her pocket and started dialing.

和訳

彼女は部屋に 1 人で残されるとすぐに，ポケットからスマホを取り出して電話をかけ始めた。

問 2 notice 〜 Ving で「〜が V しているのに気づく」という表現。notice は知覚動詞と呼ばれ，hear や see も同じ形を取ることができる。弟が入室してくるのに気づいていない様子が描かれているものを選ぶことがわかる。

スクリプト

I didn't notice my brother entering my room because I was listening to music with my headphones.

和訳

私はヘッドフォンで音楽を聞いていたので，弟が部屋に入ってくるのに気づかなかった。

問 3 As soon as S V は「S が V するとすぐに」という意味のカタマリ。「ホテルの部屋のドアを閉めるとすぐに」となるので，ドアを閉めてから鍵が中にあることに気づき，慌てた様子をしているものを選ぶことがわかる。

As soon as I closed the hotel room door, I realized that I had left the key inside.

和訳

ホテルの部屋のドアを閉めたとたん，鍵を中に忘れてきたことに気づいた。

第2問

解答

問1 ② **問2** ④ **問3** ② **問4** ③

解説

問1 女性は最初に on sale（セール中）である物について尋ねており，それに対し男性は最上段のみ割引があると答えている。また，女性は a few stripes（数本の線）が入った物を気に入っていると述べている。その後の男性の発言から，それが割引されているとわかる。よって，女性が選んだのは，最上段にある，数本の線の入った靴である。

スクリプト

W: Are all the running shoes on these shelves on sale?
M: I'm sorry, not all of them are. Only those on the top shelf are discounted 20%.
W: OK. I like the pair with a few stripes on the side. Do you have a pair in size 8 available?
M: Yes, we do. Its original price is 80 dollars, so it comes to 64 dollars before tax.
Question: Which pair of shoes will the woman buy?

和訳

女：この棚にあるランニングシューズはすべてセールになっていますか？
男：あいにく全部がそうではありません。一番上の棚のものだけが 20 パーセントの割引です。
女：わかりました。横に数本の線が入っている 1 足が気に入っています。サイズが 8 のものはありますか？
男：はい，あります。元の価格が 80 ドルなので，税抜きで 64 ドルになります。
問：女性はどの靴を買うつもりか？

問2 最初に女性が，bread（パン）の好みを聞いている。それに対して，男性は non-toasted（トーストしていない），そしてジャムを付けることを望んでいる。さらに，その次のやりとりで，女性は卵の調理法について聞いており，男性は sunny-side up（目玉焼き）を希望している。続けて，orange juice も頼んでいる。instead of ～は「～の代わりに」という意味。男性が希望したものすべてが揃っている絵を選ぶ。

スクリプト

W: How would you like your bread for breakfast? Toasted or non-toasted?
M: Non-toasted bread with some jam, please.

W: Sure. How do you like your eggs?

M: I'd like my eggs sunny-side up. And I'll have orange juice instead of coffee, please.

Question: Which is the man's order?

和訳

女：朝食のパンはどのようにいたしますか？　トーストされたもの，それともトーストされていないものでしょうか？

男：トーストされていないパンに何かジャムを添えてください。

女：承知しました。卵はどのように召し上がりますか？

男：卵は目玉焼きがいいです。それからコーヒーの代わりにオレンジジュースを飲むのでお願いします。

問：どれが男性の注文したものか？

問3 男性は，都市よりも自然のそばがよいと述べている。それに続けて女性は，写真の背後にある建物が城か塔かを尋ねているが，男性は Neither of them. と，どちらも否定している。neither は「どちらも〜ない」という，2つの物や人の両方を打ち消す表現。

スクリプト

W: Is this a photo from your last vacation? The scenery is very beautiful!

M: Yes, I'd rather be near nature than in the city.

W: Is the building in the background a castle or a tower?

M: Neither of them.

Question: Which photo are they talking about?

和訳

女：これは，あなたの最近の休暇の写真なの？　景色がとてもきれいだわ！

男：ああ，ぼくは都会の中よりも自然のそばにいたいからね。

女：背景にある建物はお城，それとも塔かしら？

男：どちらでもないよ。

問：2人はどの写真について話しているのか？

問4 目標としているのは学校である。少年の2つ目の発言に，コンビニ前の道路が閉鎖されていたとあることから，その近辺を通る必要があったとわかる。また，その後，公園を迂回しなければならなかったとある。

スクリプト

W: Why were you late for class today?

M: I'm sorry. My father usually gives me a ride to school, and we left home as usual at 8 this morning.

W: What happened then?

M: The road in front of a convenience store was closed due to a traffic accident. So, we had to go around a park.

Question: From which direction did the boy come?

和訳

女：なぜあなたは授業に遅刻したのですか？

男：すみません。いつも父が学校へ車で送ってくれて，今朝もいつも通り8時に家を出ました。

女：では何があったの？

男：コンビニの前の道路が交通事故で通行止めになっていました。それで，公園の周りを回って来なければならなかったんです。

問：少年はどの方向からやって来たのか？

第3問

解答

問1 ② 問2 ① 問3 ③ 問4 ②

解説

問1 道案内をする状況での会話。女性は2回目の発言で，北口から出るべきだったのか確認しており，誤った出口から出たことがわかる。また，最後の男性の発言には，バスやタクシーに乗る必要がないことが述べられており，徒歩で到着できることがわかる。

スクリプト

W: Excuse me. I was wondering if you could help me find Hilltop Hotel.

M: Hilltop Hotel? I think you are on the wrong side of the station.

W: Really? Then I should've come out of the north exit of the station, right?

M: Yes. Just go around the corner to the other side. The hotel is just a few blocks from there. You don't have to take a bus or taxi.

和訳

女：すみません。ヒルトップホテルを見つけるのを手助けしていただけませんか？

男：ヒルトップホテルですって？　あなたは駅の違う出口にいるのだと思いますよ。

女：そうなんですか？　では，私は駅の北口から出るべきだったんですね。

男：ええ。あの角を回って反対側に出てください。そのホテルはそこから数ブロックのところにあります。バスやタクシーを使う必要はないですよ。

問：男性は女性に何をするように指示しているか。

①ホテルの所在地を確認する。　　②反対側に出てホテルまで歩いていく。

③駅の南口に行く。　　④ホテルまでバスかタクシーで行く。

問2 女性の最初の発言から，驚いたことがわかる。a bit は「少し」という意味の表現。また，男性の「楽しめなかったの？」という問いかけに対し，その逆ですごく感動的だったと答えていることから，好意を持った驚きであるとわかる。touching は「心に触れるような」という意味の形容詞。

157

M: How did you like the movie? I want to hear your honest opinion.

W: I was a bit surprised. I wasn't expecting it to be a romantic story. Didn't you say it was a spy movie full of exciting action scenes?

M: Yes, but what do you mean? Didn't you enjoy it?

W: On the contrary. The last scene was very touching.

和訳

男：映画をどう思った？　君の率直な意見を聞きたいな。

女：ちょっと驚いたわ。それがロマンチックな物語だとは予想していなかったの。あなたは刺激的なアクション場面がいっぱいのスパイ映画って言ってなかった？

男：ああ，でもどういう意味だい？　楽しめなかったの？

女：逆よ。最後のシーンはとても感動的だったわ。

問：女性はこの映画についてどう思ったのか？

①うれしい驚きだった。　　　　　　②彼女が好きな種類の映画ではなかった。

③あまり刺激的ではなかった。　　　④暴力的すぎた。

問3 女性は2回目の発言の中で，昨晩パスタを楽しんで，その前日にはチャーハンを楽しんだと述べている。それを受けて男性は So did I. と述べていることから，その点において同意していることがわかる。So + do (did) + S は「S もまた〜する（した）」という，同意を表すときに用いる表現。

スクリプト

M: Are you using frozen foods for our dinner?

W: Yes, what's wrong with that? They're cheap and convenient.

M: I think meals made with fresh ingredients are far better than frozen foods in taste. Anyone can notice the difference.

W: Really? I enjoyed the pasta last night and the fried rice the day before. Well, I liked them.

M: So did I. Oh, wait a minute. They were frozen foods!

和訳

男：夕食に冷凍食品を使っているのかい？

女：ええ，それのどこがいけないの？　安いし便利なのよ。

男：新鮮な食材を使った料理の方が，味の点で冷凍食品よりもずっと優れていると思うよ。誰だってその違いはわかるさ。

女：本当に？　昨日の夜のパスタとその前の日のチャーハンはおいしかったわ。ええ，私はそれらを気に入っているわ。

男：僕もだよ。おっと，ちょっと待った。あれらは冷凍食品だったのか！

問：夫婦は何について意見が一致しているか？

①冷凍食品は安くて便利だ。　　②冷凍食品は新鮮な食材を使った食べ物よりもおいしい。

③おいしい冷凍食品もある。　　④彼らはもっと頻繁に冷凍食品を使うべきだ。

問4 男性は2つ目の発言の中でLet's keep in touch（連絡をとろう）と提案している。最後の女性の発言から，すでにメールアドレスは知っていると考えられるため④は×。

スクリプト

M: We were more than happy to have you as an exchange student.

W: I can't thank you enough for your hospitality during my stay here.

M: Let's keep in touch with each other after you go back to your country.

W: Of course. I have your email address. I want to come back and see you again soon.

和訳

男：私たちはあなたを交換留学生として迎えられてとても嬉しかったです。

女：ここにいる間，とてもよくしていただいて感謝のしようもありません。

男：あなたが帰国してからも連絡をとり合いましょう。

女：もちろんです。あなたのメールアドレスは持っています。そのうちここに戻ってきて，またみんなに会いたいと思います。

問：男性は女性に何をするように頼んでいるのか？

①できるだけ早く戻ってくる。　　②ときどき彼に連絡をとる。

③同じ場所に滞在する。　　④彼にメールアドレスを教える。

第4問 Ａ

解答

問1 1 ③　2 ②　3 ①　4 ④　問2 1 ①　2 ③　3 ④　4 ②

解説

問1 3文目で just one vacant seat（たった1つの空席）があり，4文目で年配の女性が電車に乗ってくるのが見えたことを述べている。その内容に合う③が 1 に入る。その女性に席を譲ることにしたと5文目で述べており，6文目でその女性が座り，7文目では自分が hang on a strap（つり革をつかむ）必要があったと述べている。その内容に合う②が 2 に入る。8文目に，その女性が電車を降りたことが述べられているので，①が 3 に入る。get off は「（乗り物を）下車する」という意味。10文目で，やっと自分も座ることができたと述べていることから，④が 4 に入る。

スクリプト

(1) I went on a hiking trip yesterday. (2) When I got on the train home, it was very crowded. (3) Fortunately, however, there was just one vacant seat. (4) I was about to sit down when I saw an elderly lady get on the train. (5) So I decided to offer the seat to her. (6) She thanked me and sat down. (7) I had to hang on a strap to keep my balance. (8) A few stations later, the old lady got off the train, thanking me again. (9) The seat was empty again. (10) Finally, I was able to sit down.

(1) 僕は昨日ハイキング旅行に行きました。(2) 帰りの電車に乗ると，とても混んでいました。(3) でも，幸いにも空席が1つだけありました。(4) 僕が座ろうとしたとき，年配の女性が乗ってくるのが見えました。(5) それで僕はその女性に席を譲ることにしました。(6) その女性は僕に感謝して座りました。(7) 僕は身体のバランスを保つためにつり革につかまらなければなりませんでした。(8) いくつかの駅を過ぎた後で，年配の女性がまた僕に感謝しながら電車を降りていきました。(9) 座席は再び空きました。(10) やっと僕も座ることができました。

問2 1 は1位のチームなので，2位，3位，4位のチームの勝者と最終的に対戦すると判断することができる。Western League の1位なので① [A] が入ることがわかる。2 は3位のチームであり，異なるリーグの4位のチームと対戦することが説明の中で述べられている。よって，Western League の3位なので，Eastern League の4位のチームと対戦することになる。ここから，③ [E] が入ることがわかる。3 は1位のチームなので，2位，3位，4位のチームの勝者と最終的に対戦すると判断することができる。Eastern League の1位なので，④ [H] が入ることがわかる。4 は3位のチームであり，異なるリーグの4位のチームと対戦することが説明の中で述べられている。よって，Eastern League の3位なので，Western League の4位のチームと対戦することになる。ここから，② [D] が入ることがわかる。

スクリプト

In our region, we have 12 soccer teams which belong to either the Western League or Eastern League. We are going to invite the top four teams from each league to this tournament. We need to make a tournament chart to show which team plays with which. The first round of the tournament is played between the third team and the fourth team from different leagues. Then the winners play against the second teams from the other league. The winners, in turn, play against the first team from the other league. The last two winners play in the finals to decide the champion for this year.

和訳

私たちの地域には，ウエスタンリーグもしくはイースタンリーグに所属する12のサッカーチームがあります。リーグの上位4チームをこのトーナメントに招待することになっています。どのチームとどのチームが対戦するかを示すために，対戦表を作る必要があります。トーナメントの1回戦は，異なるリーグの3位のチームと4位のチームの間で行われます。その後，勝者は別のリーグの2位のチームと対戦します。その勝者は，今度は，別のリーグの1位のチームと対戦します。2チームの勝者が決勝戦でプレーして，今年のチャンピオンを決定します。

第 4 問 ⃞B

問1 ④

問1 ①は up to 3 hours（最大 3 時間）とあり，条件 A の「3 時間以上利用できる」という条件に合わない。②は yoga with an extra fee とあり，追加の手数料が必要なことに加え，シャワールームも古いとあるため，B と C に合わない。③はシャワールームは新しいとあるが，清潔かどうかに関する情報が得られないので，C に合うか不明。

スクリプト

1. I recommend you join Anytime Workout. It's the only gym open 24 hours a day in this town. You can work out up to 3 hours at any time of the day or night. I especially love the free yoga lessons which are given in the morning and evening. I also like the new and clean shower rooms.
2. For me, the best part of Midtown Fitness is that you can use it for as long as you like during the open hours, which are from 9 a.m. to 10 p.m. This gym offers a variety of lessons such as aerobics, stretching, and yoga with an extra fee. The shower rooms are old, but clean enough.
3. You will not regret joining Silver Gym. It is open from 6 a.m. to midnight. There is no time limit for usage. All the lessons are free, including aerobics and yoga. I like the shower rooms because they are new and very spacious. I just hope they would clean them more often.
4. UA Fitness allows you to exercise up to 5 hours a day. If you are interested in aerobics or yoga, you can take lessons free of charge. The building itself is quite old, but they have recently renovated the shower rooms, and they are always very clean.

和訳

1. 「エニタイム・ワークアウト」に入会することをおすすめします。ここはこの町で 24 時間営業している唯一のジムです。昼夜を問わず，最大 3 時間トレーニングすることができます。私は特に朝と夕方に行われる無料のヨガレッスンがとても気に入っています。新しくてきれいなシャワールームも好きです。
2. 私にとって，「ミッドタウン・フィットネス」の最もよいところは，営業時間の午前 9 時から午後 10 時までの間なら無制限に使用できることです。このジムは，エアロビクス，ストレッチ，ヨガなどのさまざまなレッスンを追加料金で提供しています。シャワールームは古いですが，十分にきれいです。
3. あなたは「シルバー・ジム」に参加すれば後悔しないでしょう。ここは午前 6 時から深夜まで営業しています。利用時間の制限はありません。エアロビクスやヨガを含む，すべてのレッスンは無料です。シャワールームは新しくてとても広いので気に入っています。ただ，もっと頻繁に掃除をしてくれることを期待しています。

4. 「ユーエー・フィットネス」では，1日最大5時間までのトレーニングが可能です。エアロビクスかヨガに興味のある方は，無料でレッスンを受けられます。建物自体はかなり古いのですが，最近シャワールームを改装し，いつもとても清潔です。

第5問

解答

問1 (a) ☐1 ③　☐2 ②　**(b)** ☐3 ⑤　☐4 ②　☐5 ④　☐7 ③　☐6 ①　**(c)** ④　**問2** ③

解説

問1 (a) 第1段落の最終文で，技術の進歩はプライバシーに対する懸念を高めてきた（advances 〜 concerns）と述べているので，☐1 には③の more が入る。一方で，私たちは個人情報に対するコントロールを失いがちだ（we 〜 information）とも述べられているので，☐2 には②の less が入る。while は「…な一方で〜」という意味で対比を表している。

問1 (b) ☐3 は，第2段落の2文目の前半で，1876年に電話が発明されたと述べられていることから，⑤が入るとわかる。

☐4 は，19世紀後半において，不法侵入，のぞき見，またはストーカー行為によってプライバシーを侵害したものを選ぶ。第2段落の3〜4文目で述べられている内容から，それに該当するのは，新聞や雑誌というジャーナリズムであることがわかる。②が入る。

☐5 は，第2段落の最初に述べられている内容から，④peeking（のぞき見）が入る。

☐6 は，第2段落の2文目の後半で，（1876年に電話が発明されると）すぐにそれが tapping（盗聴）の標的となったことが述べられていることから，③が入るとわかる。

☐7 の21世紀に入ってからのことは，第4段落で述べられている。2文目以降がインターネット上でのプライバシーの侵害についての内容であり，4文目に criminal hacking（犯罪的なハッキング）が非常に広まっていることが述べられている。①が入る。

問1 (c) ①は第1段落の最終文の内容と異なるので×。②の economic gain（経済的利益）については，第4段落の最後で個人情報の商用利用について少し触れられてはいるが，そのためにいつも（always）行われてきたわけではないので×。③はこの講義の冒頭で述べられている内容（プライバシーの問題は人間社会と同じくらい古くから存在する）と矛盾するので×。④は第4段落の5〜6文目の内容に合致する。

スクリプト

第1段落 The problem of protection of our privacy, specifically our personal information, is as old as human society. It has always been an issue wherever the distinction between public and private or between society and individual exists. A famous American lawyer called it "the right to be left alone." Looking back on the history of privacy, we can see that there is a close connection between privacy and technology. That is to say, advances in technology have increased privacy concerns while we tend to lose control over our personal information.

第2段落 Since humans invented writing, peeking at other people's personal letters has been a common form of violation of privacy. When the telephone was invented in 1876, soon this new communication method became the target of tapping. In the modern era, newspapers and magazines became powerful media for spreading news. In the late 19th century, a new type of journalism called "yellow journalism" appeared which often violated the privacy of individuals by trespassing, peeping or stalking. Many reporters used those tactics to raise people's curiosity and increase the sales of their publications. The situation has gotten worse with the use of digital cameras with telescopic lenses.

第3段落 After the Second World War in the 20th century, people's concerns about invasion of privacy heightened as the computer became widely used. Today, personal data such as a person's age, address, medical history and financial situation is collected and stored digitally somewhere in remote places. Such data might be easily modified, deleted, copied or used for different purposes from what was originally intended.

第4段落 Since the turn of the 21st century, we have witnessed two new major trends regarding this issue. One is the violation of privacy on the Internet. The Internet can help enhance freedom of speech, allowing us to express our opinions anytime and anywhere. Over the last few decades, criminal hacking has become very widespread. Also, everyone can easily become either an attacker or a victim. For example, someone's private information might be in a photo you have uploaded to your own blog. Also, some people's identity is often revealed on the net, and they are openly blamed for their actions, sometimes wrongly. Another example is the commercial use of individual information. Online commercial services such as net shops are convenient, but they know what we buy, how much we spend and how often we buy.

和訳

第1段落 私たちのプライバシー，とりわけ個人情報の保護の問題は，人間社会と同じくらい古くから存在します。公私の区別，社会と個人の区別があるところならどこでも問題となってきました。ある有名なアメリカの弁護士は，それを「放っておかれる権利」と呼びました。プライバシーの歴史を振り返ると，プライバシーと技術には緊密な関係があることがわかります。つまり，技術の進歩はプライバシーに対する私たちの懸念を高めてきた一方で，私たちは自分の個人情報に対するコントロールを失いがちになっているのです。

第2段落 人間が文字を発明して以来，他人の私的な手紙を盗み見ることは，よくある形のプライバシーの侵害でした。1876 年に電話が発明されると，すぐにこの新しい通信手段が盗聴の標的になりました。近代になると，新聞や雑誌がニュースを広める強力な媒体となりました。19 世紀後半には，「イエロージャーナリズム」と呼ばれる新しい報道の形が登場し，不法侵入，のぞき見，ストーカー行為などをして個人のプライバシーを侵害することがよく起こりました。

多くの取材記者は，そのような手法を用いて一般大衆の好奇心を刺激し，出版物の売り上げを増やそうとしました。そのような状況は，望遠レンズ付きのデジタルカメラを用いることで悪化しています。

第3段落 20世紀に起きた第二次世界大戦後，コンピューターが幅広く使われるようになるにつれて，プライバシーの侵害に関する人々の懸念が高まりました。今では，人の年齢，住所，病歴，経済状況などの個人データが収集され，どこか遠い場所にデジタル的に保存されています。そのようなデータは簡単に修正されたり，削除されたり，コピーされたり，本来の意図とは異なる用途に使われる可能性があります。

第4段落 21世紀の変わり目あたりから，この問題について2つの大きな動向が新たに見られます。1つは，インターネット上でのプライバシーの侵害です。インターネットは言論の自由を拡大するのに役立ち，私たちはいつでもどこでも自分の意見を表明することができます。過去数十年の間に，犯罪的なハッキング（コンピューターへの不法侵入）が非常に広まっています。また，誰でも簡単に攻撃者あるいは被害者のどちらにもなる可能性があります。例えば，誰かの個人情報が，あなたが自分のブログにアップロードした写真の中に含まれているかもしれません。また，ある人たちの身元がしばしばネット上で明かされ，その行動について時には不当に公然と非難されることがあります。もう1つの例は，個人情報の商用利用です。ネットショップなどの商用オンライン・サービスは便利ですが，それは私たちが何を買い，いくら支払い，どれくらいの頻度で買うのかを把握しています。

問 1(c) ①テクノロジーが発達するにつれて，プライバシーを保護することはより容易になる。

②人々はいつも経済的利益を得るために他人のプライバシーを侵害する。

③プライバシーという考え方は比較的新しく，20世紀に入ってから始まった。

④私たちは意図せず他人のプライバシーを侵害しているかもしれない。

〈参考〉ワークシート

○ テクノロジーとプライバシーの関係
　・技術の進歩　⇒ 1 高まるプライバシーに対する懸念
　　　　　　　　⇒ 2 低くなる個人情報に対するコントロール

○ プライバシー侵害の短い歴史

時代／年	コミュニケーションの媒体／技術	プライバシー侵害の種類
情報通信以前	手紙	5 のぞき見
1876年	3 電話	6 盗聴
19世紀後半	4 新聞	不法侵入，のぞき見，またはストーカー行為
第二次世界大戦後	コンピューター	個人データの収集と保存
21世紀の変わり目あたり	インターネット	7 犯罪的なハッキング

問2 講義とグラフから，プライバシーの侵害を助長する防犯カメラの増加が凶悪犯罪発生率の低下につながっていると考えられる。加えて，講義の最後で，技術の進展とプライバシー保護のバランスを取るべきだということが述べられている。合致するのは③。

スクリプト

The other trend is people's growing acceptance of certain technologies that might violate their privacy. Since the late 20th century, the number of terrorist attacks has increased worldwide. In a lot of major cities around the world, we can see security cameras everywhere. They have proved effective in the battle against terrorism and crime in general. Actually, they might have been partly responsible for the recent decline of violent crime in this country. It is true that the more technology advances, the more likely we will experience invasion of our privacy. However, it is important for us to find the right balance between our need for privacy and desire for technological advancement.

和訳

もう1つの傾向は，人々が自分たちのプライバシーを侵害しかねない何らかの技術をますます受け入れるようになっていることです。20世紀後半以来，テロ攻撃の件数は世界中で増加しています。世界中の多くの大都市では，あらゆるところに防犯カメラを見かけるようになっています。それはテロや一般的な犯罪との闘いにおいて効果的であるとわかっています。実際，それはこの国の暴力的な犯罪の発生が最近になって減少していることにある程度貢献しているのかもしれません。確かに，技術が進歩すればするほど，私たちがプライバシーの侵害を受ける可能性が高くなります。ただし，プライバシーの必要性と技術の進展を求める心との折り合いをうまくつけることも重要です。

①犯罪を減らすためには，技術の利用を制限することができる。
②現代では，私たちは技術がプライバシーを侵害することを防げない。
③公益のためには，ある程度のプライバシーの制限を正当化してもよいかもしれない。
④いかなる犠牲を払ってでも，プライバシーを守るべきだ。

第6問 A

解答

問1 ④ **問2** ③

解説

問1 ヒロシは彼の2つ目の発言の中で，ボウリングがオリンピックの競技にならないのは，競技人口とは関係なく，それが刺激的でないために多くの視聴者を確保することができず，利益をもたらすことが少ないからといったことを述べている。

問2 エミリーは彼女の最後の発言で，ボウリングがオリンピックの種目になれば，多くの人々が見るようになると述べている。つまり，そのような魅力のあるスポーツが，テレビの視聴者数が現在少ないことが原因でオリンピック競技に選ばれないということに疑問を感じていると推察できる。

Emily: You scored 300 points again, Hiroshi! I'm sure you can win a gold medal.

Hiroshi: Thank you, Emily, but unfortunately, bowling is not an Olympic sport.

Emily: Oh, that's right. But why is that? I believe bowling is played by millions of people around the world.

Hiroshi: Well, a sport is not chosen for the Olympics just for the numbers of people who play it. It must be exciting to watch especially for TV viewers, who are eager to enjoy the strategy, the way games develop, and the reactions of the players. The more viewers you get, the more money you can make.

Emily: Come to think of it, bowling is a mental sport as well as a physical one. Players have to be smart and calm all the time.

Hiroshi: You can say that again.

Emily: Once bowling becomes an Olympic sport, I'm sure a lot of people will watch it.

和訳

エミリー：また300点取ったわね，ヒロシ！　あなたはきっと金メダルを獲得できると思うわ。

ヒロシ：ありがとう，エミリー，でも残念ながら，ボウリングはオリンピック種目じゃないんだ。

エミリー：ああ，そうだった。でも，それはどうして？　ボウリングは世界中で何百万人もの人たちによって楽しまれているわ。

ヒロシ：ええと，スポーツはそれをする人の数だけではオリンピックに選ばれないんだ。それは特にテレビの視聴者にとって見て興奮するものである必要があって，そうした人たちは戦略とか試合の展開，選手の反応などを楽しみたいんだ。視聴者が多ければ多いほど，利益が上がるんだよ。

エミリー：考えてみると，ボウリングは肉体的なスポーツであると同時に精神的なスポーツでもあるわね。選手はつねに頭を働かせて，冷静でなければならない。

ヒロシ：その通り。

エミリー：いったんボウリングがオリンピック種目になってしまえば，たくさんの人たちが観戦するだろうと思うわ。

問1：ヒロシの発言の主旨は何か？

①ボウリングはオリンピックのスポーツになれるほど刺激的なスポーツだ。

②ボウリングは今よりももっと注目されるべきだ。

③ボウリングは基本的には肉体的なスポーツではなく精神的なスポーツだ。

④ボウリングは十分な視聴者を獲得できないので収益性の高いスポーツになれない。

問2：エミリーの発言の主旨は何か？

①ボウリングは世界中の多くの人々がしている刺激的なスポーツだ。

②ヒロシはボウリングの選手として次のオリンピックに出場できる。

③テレビの視聴者数はオリンピック競技に選ばれる上で重要ではない。

④テレビ局はボウリングの試合をもっと頻繁に放送すべきだ。

第6問 B

解答

解答

問1 ②④　問2 ④

解説

問1 メアリーがオリンピックを同一の場所で開催するべきだという提案をし，それに対して，ソフィーが最後の発言で同意しているところから，その2人（②と④）が正解であることがわかる。エバンス教授は，That's a unique idea. と述べてはいるが，その立場で意見をすることはしていない。

問2 ソフィーは最後の発言で，温暖化のために，北半球ではなく南半球での開催を提案している。そこから，温暖化に関する情報が必要であることがわかる。正解は④。①はオリンピック主催に名乗りを上げた国の数を示したもので，②は夏季オリンピックの種目数の増加を示したグラフ，③は 1896 年〜 2016 年の間の夏季オリンピックで獲得したメダルの合計数が多い国から並べたグラフで，いずれも彼女の意見とは無関係。

スクリプト

Professor Evans: In this way, the modern Olympics have grown greatly in size over the years, which has unfortunately led to some negative effects. One of them is that fewer and fewer countries are willing to host the Summer Olympics due to its enormous costs. Now, I want you to express your opinion about how we should cope with this situation. Bill, what do you think?

Bill: We should go back to the original Olympics. When the first modern Olympics were held in Athens in 1896, only 9 sports with 43 events were included. We now have over 30 sports with about 300 events. We should consider reducing the number to at least half of that. It would reduce the costs and enable more developing countries to host the Olympics.

Professor Evans: OK. Any other ideas? Yes, Mary.

Mary: I think Bill's proposal is unrealistic. If we want to reduce the costs, how about always holding the Olympics at the same place, let's say, in Athens? We wouldn't have to build new facilities over and over again. So, it's environmentally friendly, too.

Professor Evans: That's a unique idea. Is there anyone who has a different opinion? Yes, Sophie.

Sophie: I like Mary's idea. But I want to suggest a city in the southern hemisphere. We are now experiencing severe heat during summer in the northern hemisphere due to global warming. I'm afraid holding the Olympics there would put athletes and spectators in danger. [starts to fade out]

和訳

エバンス教授：このようにして，近代オリンピックは長年にわたって規模が拡大してきました

が，残念なことにそのことがいくつか好ましくない影響をもたらしてきました。その１つは，その莫大な費用のために，夏季オリンピックの主催を希望する国がますます少なくなっていることです。では，この状況にどう対処すべきか，意見をいただきたいと思います。ビル，どう思いますか？

ビル：我々は当初のオリンピックに戻るべきです。1896 年にアテネで最初の近代オリンピックが開催されたとき，９つの競技で 43 の種目しかありませんでした。現在では，30 以上の競技で約 300 の種目があります。この数を少なくとも半分に減らすことを検討するべきだと思います。そうすれば，コストが減り，より多くの発展途上国がオリンピックを主催できるようになるでしょう。

エバンス教授：わかりました。他の意見はありますか？　はい，メアリー。

メアリー：ビルの提案は非現実的だと思います。コストを削減したいのなら，オリンピックをつねに同じ場所で開催したらどうでしょうか，例えばアテネとかで。新しい施設を何度も建設する必要はなくなります。ですから，それは環境に優しいことにもなります。

エバンス教授：それはユニークなアイデアですね。別の意見がある人はいますか？　はい，ソフィー。

ソフィー：メアリーの考えはいいと思います。ただし，私は南半球の都市を提案したいと思います。現在，地球温暖化のために，北半球では夏の猛暑が続いています。そこでオリンピックを開催すると，選手や観客を危険にさらすことになるでしょう。[フェードアウトし始める]